寡黙なる饒舌◉目次

JN109647

【編集部注】
本書記述の中では、引用の旧字を一部新字に改めている箇所があります。

I

天皇の街

東京駅

東京駅——天皇の可視化

終着駅より帝国の中心を

大きく翼を広げて人を迎える赤い鳳のような建築。

東京駅である。

東京の中心でもあり、日本の中心でもある。

二〇一二年、南北両翼のドーム復元と、全体の免震構造化と、前面広場の整備が終わって、赤煉瓦駅舎の全貌が姿を現した。ほぼ戦前の姿に戻ったのだ。いわば東京にとって戦後復興の終着点でもある。

そもそも東京にとって、また日本にとって、この駅はどのような意味をもっていたのか。

明治五年、新橋横浜間に汽車が走って以来、鉄道建設は近代日本の経済的軍事的発展と軌を一にして、急ピッチで進められた。明治二十二年東海道本線、二十四年東北本線と相次いで開通し、列島は東京を中心とした鉄道網で結ばれる。このころから「大日本帝国」という言葉が使われはじめ、国家目標は文明開化から富国強兵へと移り、日清戦争に向かう。しかし東海道本線は新橋まで、東北本線は上野までであり、東京の中心部には入らなかった。それが世界の常識であったからだ。

パリでも、ロンドンでも、ローマでも、鉄道駅は都市の周縁でストップし、街の中心部をつらぬくことはない。それが終着駅（ターミナル）というもので、あの大きなヴォールト（かまぼこ型）屋根の下に何本もの列車が停止して、乗客が端の方から歩いて行く姿は、映画などにもよく登場し、別離と邂逅、独特の旅情を誘ったものである。

ところがこの時代の日本では、東海道本線と東北本線を結ぶべく、新橋と上野の間に駅をつくる構想がもち上がる。この駅の構想はしばらく「中央停車場」と呼ばれた。

なにごとも西洋にならって近代化を進めてきた日本が、なぜこの点だけは独自の道を目指したのか。もちろん新橋上野間の鉄道は都市内交通機関としても必要であったろう。ヨーロッパの都市が石造煉瓦造の建築で稠密につくられていたのに対して、日本の都市は小さな木造建築の集合で、撤去しやすく工事しやすかったこともあるだろう。しかしそこにはもう一つ、大きな狙いがあった。

中心が欲しかったのである。

象徴が欲しかったのである。

徳川幕府が街道網を整備し、その中心に日本橋を架けて里程の原点としたように、明治政府は、国土の中心としての意味をもつ、日本鉄道網の里程の原点が欲しかったのだ。

中央停車場構想が実現するのは、日露戦争に勝利し、第一次世界大戦に向かう、すなわち大日本帝国に陽が昇り切るような勢いのときであった。

大正三年（一九一四）に完成し「東京駅」となる。

都市内交通の一駅というには、あまりにも立派な姿である。設計は辰野葛西建築事務所。主宰者の辰野金吾は、唐津藩の身分の低い生まれから出世した立志伝的な人物で、高橋是清（唐津藩の英語教師だった）を頼って上京し、ジョサイア・コンドルの教えを受けて大学に残り、造家学会（現日本建築学会）を創設し、帝国大学工科大学学長を務め、設計事務所を運営した。現在の工学院大学の創設、早稲田大学建築学科の創設にも尽力して、明治建築界の法王ともいうべき人物であった。葛西萬司はその弟子である。葛西家は、東北地方の古くからの名門で、ゼネコンの鹿島家とも縁戚関係にあるが、萬司は養子であった。

日本銀行本店や初代両国国技館もこの辰野葛西の設計である。いずれにしろ東京駅が、大日本帝国にとって明治の集大成ともいうべきビッグプロジェクトであったことはまちがいない。

乗客に背を向けて

しかしこの駅は、ほとんどの乗客に背を向けていたのだ。

当時、この地域の商業の中心は日本橋から銀座にかけてであり、市街地は京橋方面に広がっていた。つまり一般庶民は、国家的な建築の威容を見ることもなく、八重洲口という裏口から入らざるをえなかったのである。

壮麗な駅舎はどこを向いていたのか。

もちろん、皇居である。

逆にいえば、明治維新のさいに天皇が江戸城に入ったまま仮の姿であった皇居は、この駅の完成によって、ようやく一国の元首の住居としての都市空間上の「格」を獲得するに至ったのだ。本来、平城京（奈良）、平安京（京都）以来の「皇居」の中心概念（文明思想的）と、中世以来の武家の「城郭」の中心概念（戦闘防御的）とは、都市計画的にも建築学的にも、まったく異なる系譜にある。「東の京」と名乗っても、やはりもとをただせば「将軍の街」であり「武の街」であったのだ。半ば強引に天皇の住まいを移した明治政府の幹部たちは、何とか辻褄を合わせようとした。つまり東京駅は、単なる鉄道駅というより、「帝都」としての「都市空間的公武合体」であったといえる。

東京駅の完成によって、東海道本線と東北本線がつながり、列島をつらぬく鉄道網の中心点が完成する。その中心点から皇居外苑までの短い道路「行幸通り」が、この国の象徴的軸線となった。現在も各国の大使が赴任すると、この道を皇居における信任状捧呈式に向かう。馬車か自動車か選べるが、馬車が選ばれることが圧倒的に多いという。

この象徴軸線は、基本的にはヴェルサイユ宮殿に見られるような西洋的な軸線の概念に基づいているのだが、壮麗な外観を誇る外国の宮殿に比べると、皇居＝江戸城の中の宮殿は堀と森に囲まれて眼に見えない。記号論のロラン・バルトはこれを「意味の不在」と表現した。（『表徴の帝国』）

つまり現在も、わずかに東京駅の壮麗な姿とその中心から皇居に至るこの短い道路が、この国における、東京における、天皇の存在を顕示しているのだ。帝国の拡大を目指す明治政府は、天皇を都市空間として可視化しようとしたのである。

東京駅開業式の挨拶に立った大隈重信は、次のように演説した。

「太陽が中心にして光線を八方に放つが如し」

開業式に続いて、第一世界大戦における青島占領軍（神尾光臣陸軍中将指揮官）の凱旋パレードが行われた。すでに南満州鉄道（満鉄）が株式会社として発足している（一九〇六年）。そしてその少しあとに、伊藤博文がハルビンの駅で暗殺されている（一九〇九年）。つまり東京駅は、大日本帝国が鉄道によって海外にまで力を広げる、太陽のような象徴的中心として建設されたのであり、そしてその周縁では、中心に対する反発もすでに顕在化していたのである。

黒船に驚いて走りつづけた日本人は、旭日のように赤い中心をもつ「鉄道網＝陸の黒船」を手に入れたのだ。「帝都建設」とはつまるところ、パリのような放射状道路を整備し、威風堂々たる洋風建築を建てることであったが、その具体策としての、中央官庁をすべて洋風で集中的に建てる計画は頓挫していた。この駅の完成によって、東京はようやく「帝都」としての格好をつけたのである。

維新のあと陸軍の兵舎が並んでいた皇居とのあいだの土地は、三菱財閥に払い下げられて「三菱ヶ原」と呼ばれる草地となっていた。しかし東京駅の開設によってビジネスの一等地に変身し、やがて「一丁倫敦」と呼ばれるほどにビルが建ち並ぶ。現在も、ニューヨークのロックフェラーセンターに匹敵する、日本経済のヘッドクオーターとなっている。

しかしこの国は、第一次世界大戦で漁夫の利を得てしばらくは好景気に沸いたものの、やがて不況が相次ぎ、次第に軍国化して満州事変へと突き進む。昇り切った陽が沈みはじめるように。

天使ではなく

東京駅ドーム内部

そして近年、戦争で焼け落ちて簡易な傾斜屋根となっていた南北のホールにビザンティン風のふっくらしたドーム屋根が復元された。

内部に入って見上げれば、ドームは八角で構成されていることが分かる。上部には八羽の「稲穂をもつ鷲」が羽を広げ、下部には「可愛らしい干支」のレリーフが掲げられている。

なぜ鷲と稲穂と干支なのか。

ヨーロッパのバロック建築のドームを見上げると、キリストやマリアや聖人たちとともに翼を広げた天使の彫刻や絵画がよく見られる。明治の初期、その天使を玄関上部にそのまま掲げたのが松本の開智学校（一八七六年）であった。大工（立石清重）がつくった「擬洋風」と呼ばれる木造の洋風建築であるが、なかなかの傑作だ。令和元年（二〇一九）国宝に指定された。

しかしすでに大正に入る時代、大日本帝国の象徴としての建築に天使というわけにはいかない。また今さら、平城京や平安京のように、青龍（東）、朱雀（南）、白虎（西）、玄武（北）という中国的聖獣の方位観に従うわけにもいかない。日本の象徴として、稲作起源の神話にある鷲と稲穂に加えて、時刻と方位を表現する干支（もとは中国であるとはいえ）が、鉄道網の中心にふさわしいものとして選ばれたのだろう。

建築に付随する絵画や彫刻には、古来、それなりの「象徴的意味」が求められた。つまり建築はメディアでもあった。逆に、機能主義モダニズムとは、活字や映像が発達して、建築からメディアの役割を奪った結果ともいえるのだ。

それにしても八角形のドーム底部にうまく十二支が収まるだろうか。よく見ると何か足りない。南のドームも、北のドームも、午（南）、酉（西）、卯（東）、子（北）と、四つの干支が抜けている。

そして二〇一三年、佐賀県武雄温泉楼門の修理中、天井四隅にこの四つの干支が描かれているのが発見された。これは、東京駅の設計者辰野金吾の出身地でもあり、その設計になる建物であるから「東京駅に抜けていた干支がここに隠れていた」と話題になった。東京駅の八角にはちょうどその方角がなく、楼門の四隅はちょうどその方角だったためであろうが、同じ設計者であり、楼門は東京駅の翌年に完成しているから、本人にも東京駅に抜けていたものをここに復活させたという意識があったのかもしれない。大工が天井裏や床下の隠れた部材に、自らの手の痕跡を残すのはよくあることだが、似た感覚だろうか。

いずれにしろ、洋風建築のドーム内部に「和の感覚」がもち込まれているのは、不思議な柔らかさが感じられる。本場のヨーロッパにもない造形であると考えれば一見の価値がある。

こうしてみると、皇居の正面となる部分よりも、両翼のドーム部分に設計の重点が置かれていることは明らかだ。しかも両翼の端の棟は少し外側に角度がついている。当初は南口が乗車用、北口が降車用と分けられていたというが、設計者には、政府の意図を受けて正面を皇居に向けながらも、両翼に出入りする人々をこそ、美しいドームで迎えようという意識があったのではないか。その意識が、中央よりも両翼が高く華やかという、独特の名建築を生んだのではないか。

今の日本人はこの東京駅を帝国主義とは無関係の文化財と受け止めている。さらに免震構造化することによって、過去の歴史から切り離されたような浮遊感も出ているが、現在の日本でもっとも魅力的な建築の一つであることはまちがいない。

建築をその時代のイデオロギーによって評価（非難）することには疑問を感じる。

建築は、否応なく時代のイデオロギーを背負うものだ。その時代と真摯に向き合った建築こそ、時代が変わってもその輝きを失わない。人間も同じだろう。人は生まれた時代を生きることしかできないものだ。時代が変わったからといって、旧い時代と真摯に向き合った人間を否定することはできない。

それにしても天皇は、意外なところで東京を形づくっている。

明治政府は東京駅によって天皇の存在を可視化しようとしたが、はたして現在のわれわれには見えているのだろうか。もちろんテレビや一般参賀や被災地で、天皇皇后の姿を見ることは、これまでになく頻繁になっているが、はたしてその本質が見えているのか。逆に、あまりよく見ようとしていないのではないか。

日本文化の中で、天皇とは感じるべきものであって「永遠に不可視の存在」であるのかもしれない。

第一生命ビル（ＧＨＱ）——大屋根の権力・列柱の権力

天皇の街から元帥の街へ

国と民族と文化そのものが「まな板の鯉」であった。板前はダグラス・マッカーサー。

日本史の中で、ひとりの人間にこれほど権力が集中した時期はないだろう。東京は「元帥の街」となったのだ。

財閥解体、農地解放、公職追放、そして国の交戦権を永遠に放棄する憲法の制定。天皇制の存続もその掌中にあり、日本語をローマ字表記にする計画さえあったという。維新から敗戦まではまったく異なる新しい時代がやってきた。

当初、マッカーサーとＧＨＱ（ジェネラル・ヘッドクオーター）の占領方針は、日本の民主化と軍事的弱体化であった。しかしソビエトからの社会主義が、中国、北朝鮮、あるいはインドシナと、東アジアに浸透する状況となり、アメリカが日本列島をその防波堤とする方針を取ってから

第一生命ビル（GHQ本部）

事態は一変する。極東における米軍の展開に最大限有利となるように政策を転換し、日本の産業力を強化させて、事実上の軍隊を保有させた。

その圧倒的な権力の本拠地となったのは日比谷の第一生命ビル（当時は第一生命館とも呼ばれた）である。一九九五年に高層部分が増築されたが、この建物の歴史的重要性を考慮し、GHQに使用された部分が保存された。戦後という時代を象徴する最初の建築といっていい。今のわれわれの生活スタイルは、この建築から放射される力によって生み出されたのだ。

内堀を前に、皇居と国会を〝睨むように〟建つ。

この建築のデザインを、一般の人はどう受け止めるだろう。装飾のない機能主義のモダン建築と考えるのではないか。

しかしその建設時期と設計者を考慮すると、少々話が違ってくる。

一九三三年に設計が着手され、一九三八年に竣工している。コンペで選ばれた設計者は渡辺仁である。

帝冠様式：コンクリートなど近代的な構造に日本の伝統的木造様式の大屋根を冠したもの。軍国主義時代に多く建てられた。

愛知県庁舎

つまり帝冠様式《ていかんようしき》＊の時代であり、東京帝室博物館（後述）と前後して、同じ設計者によって設計されているのだ。一般に建築家は、その時代のメジャーな様式の中で自分の様式を確立しようとするものだが、この建築家は、洋風建築も帝冠様式もモダン建築も器用にこなし、その点では右に出るものがいなかった。ちなみに、銀座の象徴ともいうべき洋風の服部時計店も、帝冠様式の秀作である愛知県庁舎も、モダニズムの名品といえる品川の原美術館も、彼の設計である。それぞれにいい建築だ。戦後民主主義と機能主義モダニズムの時代になってからは無視されがちだが、彼の力量はもっと評価されるべきだろう。

第三帝国の様式

さて第一生命ビルは、装飾がないというという点では、たしかにモダンの範疇である。しかし建築史を、特に西洋建築史における「列柱」の意味を知る者にとっては、そう簡単には片づかない、ある種の連想を呼ぶ。

列柱といってまず頭に浮かぶのは、古代ギリシャ神殿の、イオニア式、ドリス式、コリント式といった柱頭を有する「グリーク・カラム」である。実際、第一生命ビルの設計に当たっては、ギリシャ風の柱頭案も検討されたという。

この列柱様式は、古代ギリシャから古代ローマに受け継がれ、西ヨーロッパには、十五、六世紀のルネサンス期にも、十七、八、九世紀の古典主義、新古典主義期*にも復活流行し、西洋建築史のほぼ全期間において主役でありつづけた。当然それは、古代ギリシャの主知主義と、古代ローマの帝国主義の象徴で、たとえば、イギリスの大英博物館（一七五九年）は、世界の海を征した博物学的な知の象徴であるとともに、あらゆる地域から美術品を収奪した帝国権力の象徴でもあった。

しかし第一生命ビルはグリーク・カラムにはならなかった。そのシンプルな角柱はたしかにモダンな感覚である。そこで思い浮かぶのが、ドイツ第三帝国の様式なのだ。

国家社会主義ドイツ労働者党（いわゆるナチ）の建築家アルベルト・シュペールは、いくつものサーチライトを天に向かって並べ、光の列柱によって党大会を盛り上げ、群衆はその崇高感に酔いしれた。彼はそういった建築的演出の功績によって軍需相にまで上り詰め、ベルリンを古代ローマを彷彿とさせる列柱が並ぶ古典主義的建築で埋め尽くす詳細な計画を立てていた。第一生命ビルの列柱はこういった感覚を彷彿とさせる。

新古典主義期：建築で古典主義という場合はほぼ古代ギリシャ神殿風という意味である。ヨーロッパでは様式を時代で区分する傾向があるので、17世紀を古典主義、18、9世紀を新古典主義とするが、日本ではその歴史がないので、特別な場合を除き古典主義とする。

同時に、ドイツ軍関係の実用品のデザインには、機能を重視して装飾を廃するモダニズムが感じられる。つまりこの時期のドイツには、帝国権力を象徴する古典主義と、機能的なモダニズムが渾然一体となっていたのだ。

第一生命ビルが設計され建設されたのは、五・一五事件（一九三二年）、二・二六事件（一九三六年）と日本が軍国化し、日独伊三国同盟（一九四〇年）に向かう時期である。設計者の渡辺仁が、この時期のドイツの動向に無関心であったとは思えない。

大屋根の権力＝包容型、列柱の権力＝放射型

実用の思想が徹底した今では、建築とは居住と使用の機能を第一に考えるべきものということを誰も疑わない。しかし人類の長い歴史において建築は、神殿や宮殿など、あるいは公共建築でさえ、権威、権力の象徴として建てられたのである。

分かりやすい例が宗教建築であり、その「大屋根」である。

ローマン・カトリックのヴォールト屋根（かまぼこ型）、ギリシャ正教、イスラム教のドーム屋根（半球型）、日本の仏教建築の傾斜屋根（木造）など、世界的な宗教においては、壮大な屋根が権威の象徴であった。それは、人々をその教義の内に包み込むという「包容型」の権力であろう。

もうひとつの建築的象徴が「列柱」である。

西洋では前述のようにグリーク・カラムが典型だが、木造建築の日本でも、宮殿や政庁に建ち

並ぶ太い柱は、権威、権力の象徴でありつづけた。それはその外部に、特に前面に立つ人々に強い力を放つ「放射型」の権力である。

そう考えると、世の中の権威、権力の現れ方には、二つのタイプがあることが推察される。外への「放射型」と、内への「包容型」である。端的にいえば、政治のそれは前者、宗教のそれは後者。資本主義のそれは前者、社会主義のそれは後者。教師のそれは前者、両親のそれは後者であろう。愛情深い母親も、見方によっては権力なのだ。

どちらかといえば日本には、この「大屋根の権力＝包容型」が根を張っている。

さてここまでくれば、このＧＨＱの拠点となった建築が単に機能主義的なモダニズムの作品ではないことが理解されると思う。

「第三帝国の匂い」

マッカーサーにその意識があったかどうか。米軍にとってナチは不倶戴天の敵であった。直接的に意識してはいなかったかもしれない。しかし西洋人として、古代地中海文明以来の列柱というものの政治的な力、武の力は感じていたに違いない。明治生命館も候補であったが、マッカーサー自身が第一生命ビルを選んだといわれる。その執務室はチューダー朝風*に飾られた社長室で、当時としては最高のインテリアであったようだ。

チューダー朝風：イングランドの15世紀末から17世紀初頭における木材と赤煉瓦を多く使った様式で、イギリスでは「古い中世風」の意味によく使われる言葉。

たしかに、彼らの直線的な権力にはこの建築がふさわしい。占領時代の記憶を残すためにも保存されてよかったのだ。さらにいえば、この列柱が皇居と国会議事堂と全日本に向かって放射した権力は、第三帝国の権力と同調するところがあったのかもしれない。占領軍の戦後政策の多くは、二・二六事件の理論的支柱であった北一輝の「日本改造法案大綱」の内容をかなりの部分踏襲しているということを多くの学者が指摘している。第三帝国と北一輝とGHQの共通項は、軍事力を背景とする圧倒的な（反論を許さない論理の）力が、ひとつの社会と文化を急変させようとすることだ。

それにしても、東京大空襲、沖縄戦、広島、長崎の原爆投下と、戦争末期にはひどいことをされたものだが、戦後日本人の行動は、不思議なほどアメリカに対する恨みを感じさせない。もちろん生きていくためだが、その一種の潔さは、この列島に生きる人々の能力かもしれない。

あるいは、この国に染み込んでいる「包容型」の権力と、新しくやってきた米軍とGHQが有する「放射型」の権力とが、うまくマッチしたということかもしれない。頼りない政治家たちによる不安定な近代日本政治史の中で、この占領期間だけは、国民が、力強い親の庇護を受ける子供のような「従属の安心感」を覚えたような気がするのだ。

マッカーサーはアメリカの公聴会で「日本人は十二歳の子供」と発言した。この解釈を巡っては諸説あるが、文脈から判断して悪口ではないようだ。極東の島国の民は、大陸国のように文化文明の葛藤に慣れておらず、悪くいえば未熟、良くいえば純粋、といったところだろう。どちらにせよ、世界には日本に対してこういった見方があるということを自覚した方がいい。

彼の解任とその後の生活は寂しいもので、トルーマンとアイゼンハワーからは徹底して冷たく扱われたが、ケネディ大統領とは意気投合し、ベトナムへの地上軍派遣に反対したという。

また天皇の戦争責任を問わなかったのは、もちろんアメリカの政略にのっとってのことだが、この貴族的軍人には、昭和天皇の謙譲な態度と万世一系の皇室史に対する多少の敬意があったのではないか。

ヨーロッパという文化の母胎を離れて荒野を開拓したアメリカ人には、歴史ある文化に対するホームシックのような憧憬がある。


一方、ジョン・ダワーの『敗北を抱きしめて』を読むと、この時期の日本人の精神と生活が、第一生命ビルの端正さとは逆の猥雑さが、恐ろしいほど網羅的に、恥ずかしいほど赤裸々に描かれている。すでに忘れ去ろうとしていることもあるが、まさに僕らの世代はこの猥雑さの中で育ったのだ。日本人では書けないとも思われる正直で執拗な記録である。

われわれはこの記録精神に負けたのかもしれない。

日本文化論の名著であるルース・ベネディクトの『菊と刀』も、もとは軍事研究であったことを考えると、広範かつ客観的な情報と知識と分析をもって戦った国と、「神州不滅、戦力不足を大和魂でおぎなえ、神風が吹く」などといって戦った国との違いを思い知らされる。

築地本願寺——日本とギリシャ・快男児たちの気宇壮大

法隆寺とパルテノン

築地本願寺

芥川龍之介はギリシャを「東洋の永遠の敵」と呼び、三島由紀夫は「眷恋（恋い焦がれる）の地」と呼んでいる。西洋的な知性を感じさせる芥川と国粋的言動で知られる三島であるから、一見逆のようだが、考えてみれば両者は同じ意味なのだ。古代ギリシャこそ、地中海文明から西欧文明を経て近現代文明につながる人類の知の輝かしき淵源である。西欧に倣って奇跡的な近代化を遂げた極東の島国の知識人にとって、ギリシャは嫉妬と憧憬の対象として〝別格〟であった。

さて築地といえば魚河岸であり、このほどそれが豊洲に移転したのだが（二〇一八年）、まだ場外市場が残っている。その市場から通りを挟んで反対側に、一風変わった建築がある。

浄土真宗の築地本願寺である。

奈良や京都や日本各地の仏教寺院とは似ても似つかない、不思議な形をしている。日本の建築といえば、日本風（中国風を含む）か、西洋風か、近代風か、だいたいどれかに決まっているが、そのどれでもないインド風の様式なのだ。しかもイミテーションではなく、本格的な石造りの外観である。魚河岸と本願寺は、銀座という高級ブランドが並ぶショッピング・ストリートに対峙する二つの「異空間」であった。

「仏教」という日本人の心の深層に、このような異空間が登場したのはどういうわけか。そこに伊東忠太という、建築家でもあり歴史家でもあり探検家でもあった、きわめて興味深い人物が浮かび上がる。


築地本願寺の設計者、伊東忠太は、夏目漱石と同じ明治維新の前年、踊りながら他人の家に上がり込んで勝手に飲み食いする「ええじゃないか」という現象が各地に広がった混乱の年に生まれた。同年の二人の心情には、日本と西洋と東洋の関係に、共通する感覚が醸成されていったように思われる。

翌年、日本は未曾有の体制転換を遂げ、藩の代わりに県が置かれ、支配階級であったサムライがいなくなり、すべてが西洋風に向かう。「ざんぎり頭を叩いてみれば文明開化の音がする」とうたわれた。

十歳のとき、人生観を決めるできごとに遭遇する。

西南戦争である。

今日の写真に当たる錦絵を見ると、官軍は軍服姿で銃を構え、薩軍（賊軍）は羽織袴に剣をもつ、すなわちこれは近代的な軍隊とサムライの戦いであり、文明と文化の戦いであった。しかも賊軍の頭目は、当時もまた現在も日本人の敬愛を受けつづける人物西郷隆盛である。多感な少年の心に、西洋追随の文明開化に対する疑問と反感が形成されたのではないか。漱石は小説家に、忠太は建築家になるが、どちらも、西洋と東洋の相克、文明と文化の葛藤が、人生そのもののテーマとなった。

「これ（西洋流の自由）に反して昔しから東洋じゃ心の修行をした。その方が正しいのさ」（夏目漱石『吾輩は猫である』）

伊東忠太は帝大卒業後、大学院に進み「法隆寺論」を表し、これが生涯を決定する著作となる。斑鳩の法隆寺とアテネのパルテノン神殿とを比較し、両者のあいだに何らかの関係があるとしたのだ。プロポーション全体の相似性、曲線美などについて研究したものだが、社会的には特に「エンタシス」（円柱の下部が少し膨らんだ形）の共通性が取り上げられ、話題となった。

突飛なようだが、この観点によって、日本の仏教文化が中国やインドやペルシャをとおりこして一挙にギリシャに結びつけられることになる。古代日本とギリシャとの関係は、明治の日本人が喉から手が出るように欲した魅力的な論理であったろう。すべからく欧米にならえという「脱亜入欧」（福沢諭吉）の時代であり、そのヨーロッパの文化的原点が古代ギリシャにあることは明らかであったからだ。

忠太はこの法隆寺とパルテノンの関係のルートを検証するために、中国から、インド、ペルシャへと、三年にわたり調査旅行する。なんとロバに乗って。当時の旅行事情を考えれば、これは大冒険だ。気宇壮大な知的ロマンの快男児である。

残念ながら、法隆寺とパルテノンを結びつける決定的な証拠は得られなかった。今日の建築学においてもその直接的なつながりは否定されている。しかしエンタシスはともかく、インドの石造建築に見る組物*に近い形態、ギリシャ彫刻に近いガンダーラ仏と日本の仏像との関係、正倉院の御物にペルシャ由来が多いこと、などを考えれば、古代日本の仏教建築と古代ギリシャの神殿建築は、あながち無関係ともいいきれないのではないか。ヘレニズムとシルクロードの時代である。文化と文化の関係には、共振ともいうべき微妙な風が吹くものだ。

いずれにしろ、インドから始まって、ギリシャ、ペルシャ文化の影響を受けながら東洋全般に広がった仏教（大乗仏教）は、当時最大の国際思想であった。西の世界にキリスト教とイスラム

組物：中国と日本の木造宗教建築における屋根の重みを梁や桁から柱に伝える複合的な部材。斗栱《ときょう》ともいう。

教が国家を超えて拡大するのはそのあとのことである。

もう一人の快男児

重要なことは、伊東忠太がこの旅の途中で大谷光瑞《おおたにこうずい》と出会って意気投合したことだ。この大谷もまた快男児、そして稀に見る傑物である。彼がいなければ、すなわちこの出会いがなければ、築地本願寺は誕生しなかった。本願寺派の法主でありながら、中国西域に数回にわたる「大谷探検隊」を派遣してインドの仏跡を調査探検し、日露戦争には教団からも兵を出し、孫文と会見してその顧問となり、近衛内閣の参与も務め、世界（主に東洋）を舞台に活躍したのである。

つまり大谷は宗教思想として、忠太は建築思想として、ユーラシアを踏破することによって、西と東の歴史を連続させようとしたのだ。

これは、西欧（特にイギリス）とアメリカから、海を経て、東洋に襲いかかった近代文明の力に対抗する精神でもあろう。「一帯一路」ではないが、海のルートに対する陸のルートである。「西洋」に対して遅れているとされていた「東洋」を、悠久の歴史の中に復権させ、日本をその海と陸の交点に位置づける。つまり、東洋の東端の島国がいち早く西欧近代文明を取り入れ、やがて東洋の盟主になるという展望を開く、大らかな気概が感じられる。

昭和の世になって、大谷光瑞との関係で、伊東忠太は築地本願寺を設計することになり、一九三四年に竣工している。

この時代の日本なら、もちろん従来の中国起源日本風の様式が基本だが、街なかであり、大震災の復興事業でもあり、木造ではなく耐火建築とすることが求められる。しかし洋風にするわけにもいかず、またモダニズムにも、帝冠様式にも抵抗がある。忠太の設計は、古代インド風のシンメトリー（左右対称）で、ストゥーパ型の塔を有し、構造は鉄筋コンクリート、外装は石造、内装は木造であった。第一層は基壇の扱いで主階は第二層、階段を上がって中に入れば、コンクリートの柱・梁（虹梁）の上に木造の組物と書院造風の折上格天井《おりあげごうてんじょう》がのる。外観の立面構成には西洋の匂いもする。いわば近代技術によって、東洋（インド）を基本に日本風と西洋風を織り交ぜたものだ。

当時の日本には、西洋流の文明開化から東洋の盟主へと移行する意識があり、まさにその時代の基調となる思想を大胆に形態化したものといえる。「東洋」とは「インドから中国を経て日本へ」の軸線を意味し、その彼方にはペルシャとギリシャがあった。それが欧米からの「西洋力」に対抗する、国際的な「東洋力」の構図であった。

また忠太には、若いころから妖怪や怪獣の趣味があり、そのスケッチをよくしていた。彼の設計にはそういった動物彫刻がよく登場する。本願寺の見ものの一つであるが、それも近代西洋的な合理主義に対抗するものであろう。

また代表作のひとつに、一橋大学兼松講堂があるが、これは完全に西洋風のロマネスク建築である。建築家としての忠太の作品はほとんどが神社仏閣の和風であるが、西洋を毛嫌いしていたというわけではなく、むしろ東洋をつうじて、日本と西洋を結びつけようとしたと考えるべきだ。

「東洋」とは中国か

ある国際会議で、中国人の学者が「東洋と西洋の文化思想の比較」というようなタイトルで講演（英語）をした。僕のテーマにも近いので興味をもって聴いていたが、途中から少し居心地が悪くなった。

「東洋とは中国である」ということが明瞭に感じられたからだ。中国が経済的にも政治的にもこれほど台頭する以前のことであり、講演者はことさらにというより無意識に話しているのだが、彼の頭にはインドもイスラムも日本もなく、ターゲットは西洋に絞られていた。

僕は頭を叩かれたような気になった。明治以来日本人は、中国の力が小さかったので「東洋」の核となるのが中国であるという意識をもたなかったのだ。安岡正篤などのいわゆる「東洋学」も、それが「中国学」であるとは考えていなかった。

しかしこれからはそうはいかないだろう。

日本人はその文化意識を、維新や戦後と同じ程度に転換せざるをえない現実に直面している。中国の台頭によって「東洋」をもっていかれつつあるのだ。最近は逆に、ロシアや中国との違いを強調し、日本は自由と民主の西側の一員であると主張する政治家も多いが、われわれは今、西にも東にもなりきれない日本文化の「孤独」を直視するべきだろう。

建築家であり歴史家であり探検家でもあった伊東忠太という人間を、戦後の観点からは思想的に右寄りとして批判する人もいるが、その壮大な構想力と行動力は賞賛に値する。

魚河岸は移転した。しかしそのそばに建ちつづける本願寺の建築を眺めて、明治から昭和を生きた伊東忠太という快男児の、ユーラシアを駆け巡る気宇壮大に酔いしれるのは悪くない。

グローバリズムといわれ、世界は時代とともに小さくなっていくが、奈良時代の仏教徒のシルクロードへの想い、江戸時代の蘭学者たちの西洋医学への想い、明治期のリーダーたちの西洋と東洋の関係への想いは、今の日本人の海外への想いよりもずっと強かったような気がする。漱石も、忠太も、光瑞も、楽しく観光旅行したわけではない。燃える想いとそれに匹敵する苦難があったのだ。

今「引きこもり」が多いのは、日本全体に「内にこもる空気」が蔓延しているからではないか。ぬぐいがたい島国根性は自分にもある。とりあえず窓を開け、外に出て、周りを見よう。

日本の青年たちがもう一度、荒野を目指すときがくるに違いない。異文化という荒野を。

岩崎邸——華麗なる西洋館・その光と陰

ジョサイア・コンドルと井上馨

明治十年、西南戦争の傷も癒えないころ、一人の若いイギリス人が、はるばる海を渡って列島の土を踏んでいる。この人物がいなければ今の東京駅は存在しなかった。本書にとってもきわめて重要な人物だ。この国の「洋風建築の父」となるジョサイア・コンドルである。

弱冠二十六歳であったがすでに有力な賞を受けたエリートで、本格的な洋風建築の教育と設計を日本政府に懇請されたのだ。工部大学校（やがて帝国大学工学部となる）で教えた期間はさほど長くなかったが、最初の卒業生辰野金吾が大学に残り、さらにその弟子たちが全国の大学や高等工業に赴任しているので、日本のほとんどの建築家はコンドルの弟子筋であるといってもいい。

この時点で、大学で教えるのはすべて洋風建築となり、それを設計するのが「建築家」とされ、それまでの木造建築の棟梁、大工はすべて「職人」とされた。文化の大転換である。明治以来、日本の教育は、西洋の学問と帝国大学を頂点とする「洋と官」のピラミッドで構成されているのだ。その意味で明治維新とは、階級の革命ではなく文化（知）の革命であったと思える。

コンドルは、ニコライ堂（実施設計のみ）、帝室博物館、鹿鳴館などを設計したが、東京の一画に、中央官庁をすべて洋風で建てるという大規模な計画からは外され、この計画はドイツの建築家に依頼された。コンドルの建築は、どこか東洋風の柔らかさがあり、威風堂々たる洋風建築を求める政府の方針とはズレがあった。この計画の中心となっていた外務卿の井上馨は、ドイツの建築家、ヘルマン・エンデとヴィルヘルム・ベックマンの事務所に、官庁建築を集中的に配置する都市計画と建築設計を依頼する。これこそまさに東京を帝都とするはずの一大プロジェクトであったが、すべて洋風ということに反対があり、井上が失脚することによって、実現はしなかった。

当時、ロマン主義から、アーツ・アンド・クラフツ運動*、アール・ヌーヴォーに向かうイギリスよりも、K・F・シンケルなどの新古典主義を基本として帝国主義に向かうドイツの建築思潮が、日本の政治家、特に井上の気質に合っていたのだろう。

アーツ・アンド・クラフツ運動：19世紀末にウィリアム・モリスを中心として展開された英国の美術工芸運動。建築を含む近代デザインの先駆け的潮流とされる。

さてこの井上馨とはどういう人物か。

幕末には井上聞多と呼ばれ、長州の尊皇攘夷派の過激な志士であった。維新の前、いわゆる「長州ファイブ*」の一人として、伊藤博文らとともにイギリスに渡って見聞を広め、事実上の開国派に転じる。維新後、木戸孝允、西郷隆盛、大久保利通など大物が相次いで他界したあと、元勲として権勢を振るい、何度も総理候補となったが、実現はしなかった。

常に伊藤博文とともにあり、渋沢栄一はその右腕であった。外務卿、外務大臣として不平等条約の改正が終生の仕事となったが、同時にさまざまな民間企業とかかわり三井物産の創設にも携わって三井財閥の最高顧問となっている。岩倉使節団の送別会では、西郷隆盛から「三井の番頭さん」と揶揄(非難)された。即断、即決、即行動の性格で、「官」より「民」の側に立ち、情に厚かったというが、汚職の疑惑が絶えなかった。つまり廉潔を重んじる西郷とは正反対の人物像である。

海外通であり経済通でもあったが、何よりも西洋好き、建築好きで、鹿鳴館の建設と、官庁集中計画の中心人物であった。つまり東京に洋風建築が建ち並んだのは、コンドルや辰野より、この人の力が大きかったともいえるのだ。

明治維新のあと、佐賀の乱、神風連の乱、秋月の乱、萩の乱、と頻発した不平士族の反乱が、西南戦争を機に一段落し、鹿鳴館時代がやってくる。血生臭い戦いが終わった安堵感か、政治家たちは条約改正のための外交術を養うことを名目として、連夜、着飾った舞踏会に興じていたのである。

井上馨は、この鹿鳴館時代の立役者であり、その意味ではむしろ伊藤博文や山県有朋以上に、時代の寵児《ちょうじ》となったといえよう。時代の振り子が大きく振れ、西郷の時

長州ファイブ：長州五傑ともいう。井上聞多（馨）、遠藤謹助、山尾庸三、伊藤俊輔（博文）、野村弥吉（井上勝）。

代が井上の時代に変わったのだ。そしてその鹿鳴館における舞踏会の最中に、井上馨は暴漢に襲われて一命を取り留める。これが三島由紀夫の戯曲『鹿鳴館』のモデルとなっている（三島の創作箇所も多い）。

明治維新という大きな変革の前後、若者の反権力エネルギーの発露が、尊王攘夷、不平士族、自由民権と推移した。物理学現象（エネルギー保存の法則）に似て、社会に潜在するエネルギーにいったん火がついて顕在化すると、体制が変わっても形を変えて噴出し、なかなか収まらないものだ。歴史には、民衆のエネルギーが潜在化する時代と顕在化する時代がある。

そして失意のコンドルは、三菱の岩崎邸をはじめ、いくつか財閥の住宅を設計することになる。国家の威信を表現すべき官庁建築に比べて、人間のロマン主義的な側面を表現しやすい住宅の仕事は、コンドルにとって幸福のひとときであったかもしれない。河鍋《かわなべ》暁斎《きょうさい》に師事して浮世絵を学び河鍋暁英という名をもらい、舞踊家の日本人を妻として、この国に永住した。

強い女性のメタファー

岩崎邸は、明治二十九年（一八九六）、日清戦争のすぐあと、産業革命が進み、三菱は躍進を続けて財閥としての地歩を固め、夏目漱石が『坊っちゃん』で有名な松山中学に赴任するころ、竣工した。

上野の森の一画というべきか、さすがに日本を代表する大財閥の三代目岩崎久弥の屋敷である。

岩崎邸内部壁仕上げ

岩崎邸

不忍池あたりから坂をまわり上がるアプローチ*の砂利道は広々として、かつてはたくさんの人力車や馬車が駆け抜けたであろう。建物は木造のコロニアル風だが、グリーク・カラムを配して、豪壮かつ瀟洒な構えである。

内部はイギリス風の木の造作が基本であるが、日本風、イスラム風の意匠が混在しているところがコンドルらしい。ガラス張りのサンルームは増築で、二階の庭側に大きく開かれたバルコニーが特徴的である。

僕が強い印象を受けたのは、壁の仕上げに使われている「金唐《きんから》革紙《かわし》」だ。歴史家の田中優子が若いころ『江戸の想像力』において、平賀源内がヨーロッパから伝わった金唐革を紙でつくろうとした顚末を書いているのを思い起こしたからである。

金唐革とは、革に浮き彫り模様をつけて金の装飾をほどこす、ヨーロッパに伝統的な高級壁仕上材で、その模様はパルメットなど古代地中海文明以来の伝統を継承している。江戸時代にはオランダから日本にもち込まれ、それが紙となり、日本の職人によって、みごとな意匠と技術として成

アプローチ：目的に近づく過程、門から玄関までの道。

熟した。しかもそのデザインは、いわゆる「唐草模様《からくさもよう》」に近く、はるか昔、ギリシャやペルシャから、シルクロードをつうじて日本に入っているのだ。

コンドルは、当時の英国で一般的だったデザインとその技術を、すでに日本の職人が修得し、むしろ英国以上に成熟させていることに驚いたのではないか。つまりこの極東の島国で、古代ギリシャ、近世オランダ、近代イギリスの文化が出会ったのだ。

そしてこのコンドルが設計した洋館は、隣接する和館とつながっている。

接続廊下を渡ってみると、木組、襖絵、庭石など、材料も技術も格別上等である。現在残っているのはほんの一部だが、建築史家の村松貞次郎は、むしろ和館の方が建築経済的な価値が高いと発言している。

このころから、日本の政治家や富豪たちは広い敷地に洋館と和館を建て、洋館では公的な客をもてなし、日常は和館で暮らすという生活が典型となる。つまり文明開化とは、官庁、事務所、学校、銀行など、公的な洋風建築では、靴を履いて洋服を着て執務するが、自宅に帰れば、和風建築で靴を脱いで浴衣に着替えてくつろぐ、という二重様式を意味したのだ。「和魂洋才」は「和私洋公」でもあった。そして時代とともに、一般家庭でも和洋折衷が進み、和風の木造住宅で応接間だけを洋風として書斎を兼ねることが普通となる。筆者の少年時代、少し格の高い家にはそういうつくりが多かった。

さてこの時代の洋風の家は、文学の中でどのように描かれているか。

夏目漱石の小説『三四郎』のヒロインは美禰子という女性で、三四郎はその豪壮な洋風住宅に圧倒される。『虞美人草』のヒロインは藤尾という女性で、バロック風の華麗な書斎に置かれている。谷崎潤一郎の『少年』は、谷崎自身とも思われる主人公の少年の友人が住む岩崎邸のように洋館と和館のある豪邸が舞台であるが、洋館にはその友人の姉である光子が女王のように君臨し、このモチーフは『痴人の愛』につながる。洋風住宅は、新しい時代の、気の強い、美しい女性のメタファーであった。逆に永井荷風や川端康成は、文明に取り残されたような住環境の和風の家において、抑圧されながらも健気に生きる女性を描いている。

近代化とともに、日本人の生活様式から和風の要素が希薄になっていく。

しかし消えたわけではない。高級な数寄屋の料亭も最近は畳の上に低めの椅子を置いているが、それは和風を「意匠として」評価しているからである。また現代建築にも、庇、格子、障子、簾など、建具的な要素が空間を柔軟に仕切る「道具として」使われ、家具や内装などに「和モダン」という感覚が広がっている。今売れっ子の隈研吾という建築家はそこを突いた。俗に「和の巨匠」と呼ばれている。

そもそも日本建築の歴史において「和様＝和風」とは、もとは外来であっても時とともに日本に和《なご》んだものを指し、新しくやってきたものを「唐様＝中国風」と呼んだのだ。この国の文化受容力は、あらゆるものを「和化」していく。

そう考えれば、日本から「和風」が消え去ることはないのだろう。

歴史の闇

戦後、この岩崎邸はＧＨＱに接収され、日本における秘密諜報部門キャノン機関の本拠地となった。ソ連との対立が顕著となり朝鮮半島での緊張が高まることによって、ＧＨＱの日本統治方針は、この国を民主化することから共産主義に対する砦とすることに転換した。キャノンとはそのリーダーの名であるが、この機関が強い力を得て、密かに対共産主義工作を行ったのだ。松本清張の『日本の黒い霧』においては、国鉄の下山事件、三鷹事件、松川事件への関与も疑われている。そして社会活動家でもあった作家、鹿地亘《かじわたる》を長期監禁し、二重スパイとなることを強要したのである。鹿地は何度か自殺を試みるが未遂に終わっている。この岩崎邸はその監禁場所の一つとしても使われたのだ。

現在多く訪れる見物客にその意識はないようだが、日本随一ともいうべき華麗な住宅に、冷戦期における米ソ間の暗闘という歴史の闇が、深い影を落としている。三菱重工業など、この財閥が日本の軍需に深く関わっていたことを思うと、コンドルが設計したこの華麗な家がもつ、世界史的覇権（英・日・米・ソ）に関わる「宿命」のようなものを感じざるをえない。

ニコライ堂――ビザンティン文化の窓

ロシア文化はアメリカ風ビルの谷間

ニコライ堂

青雲の志というべきか、大学に入ってすぐ、まだ建築学科に進むことも決まっていなかったにもかかわらず、そのころから建築家を目指していた親友のKとともに、神田駿河台に建つニコライ堂を見に行った。

ヨーロッパの建築を理解するにはまず教会を見ろという先輩の助言に従ったのだが、僕らはこれを明治の洋風建築として、すなわち西洋文明の象徴として受け止めていた。多くの日本人がそう思っていたのではないか。だがよく考えてみると、これは西欧ではなく、ロシア正教の聖堂であり、正式には、イイスス・ハリストス（イエス・キリストのロシア名）の復活を記念して「東京復活大聖堂」という。

東京の中心部にあって長いあいだ親しまれてきた、あたかもキリスト教を代表するような教会堂は、カトリックでもプロテスタントでもなく、ロシア正教の聖堂であったのだ。

明治二十四年（一八九一）、ロシアから布教にやってきた亜使聖徒ニコライによって建立された。奇しくも、ロマノフ王朝最後の皇帝（ニコライ二世）と同名である。

神田側から見れば小高い丘の上、孤高に聳える大きな尖塔ドームは、明治の半ばから戦後まで、本格的な洋風建築として、周囲の木造住宅を圧倒したに違いない。幸田露伴の『五重塔』は、腕のいい大工（のっそり十兵衛）が困難を乗り越えて塔の建設に挑む話だが、ニコライ堂の威容への対抗心から生まれたという説もある。

夏目漱石の『それから』にも登場する。

「代助は面白そうに、二三日前自分の観に行った、ニコライの復活祭の話をした〜中略〜彼は生活上世渡りの経験よりも、復活祭当夜の経験の方が、人生に於て有意義なものと考えている」

何不自由ない暮らしをしているものの、人生に確たる意義を感じることのできない主人公の代助は、漱石作品についてよくいわれる「高等遊民」であるが、漱石にとって、また当時の読書人にとって、ニコライ堂という建築とそこで行われる復活祭の式典が、主人公の性格と人生観を表現するのに格好のイメージであったのだろう。

漱石がこれを書いた（一九〇九年）のは、すでに「血の日曜日事件」（一九〇五年）が起き、ロシアが、革命に向かって騒然と動き出した時期である。そして後半期の漱石は、ドストエフスキーの影響を強く受けるのだ。明治日本の文学が、ツルゲーネフ、ゴーゴリ、トルストイといったロシア文学の影響を受けたのは、朝日新聞で漱石とも縁の深い二葉亭四迷の功績であるが、世の中が西欧風の文明開化に向かう中、その反対に向かう力すなわち「都市化の反力（後述）」をやどした作家たちの魂が、ロシア文学がもつ独特の重厚感に共鳴したからではなかろうか。

昭和に入ってからは「～前略～今日も歌うか都の空に、ああニコライの鐘が鳴る」（「ニコライの鐘」歌・藤山一郎）と歌われた。

しかしそのニコライ堂も、今ではすっかりビルの谷間だ。ロシア文化の象徴がアメリカ文化の象徴たるガラスの高層ビルに抑えつけられている。

ロシアと日本の地政学

ロシアは、現在の日本外交の焦点のひとつである。

ニコライの来日と布教、ロシア文学の浸透に見るように、明治の半ばまで、日本とロシアの関係は、それほど悪いものではなかった。しかしこのニコライ堂が竣工したあと、その関係は数奇ともいうべき転変を重ねる。

日露戦争があり、ロシア革命があり、日本にも社会主義が浸潤する。日ソ中立条約が結ばれるとともに太平洋戦争に突入し、敗色濃くなって講和の仲介を依頼したところ逆にソビエトが参戦して満州に入る。この時点から両国関係は悪化の一途、シベリア抑留があり、北方領土を奪われる。

それでも戦後日本の左翼陣営はソビエトの社会主義を称揚し、労働運動でも歌声喫茶でもロシア民謡が歌われた。やがてハンガリー動乱があり、日米安保が結ばれ、ベルリンの壁が築かれ、ガガーリンが宇宙へ飛び出した。このころがソビエト社会主義のピークであったろうか。次第に西側が優位となって、ペレストロイカとなり、ゴルバチョフが登場し、ベルリンの壁とソビエト連邦の崩壊があって、新生ロシアの権力者がエリツィンからプーチンへと交代した。彼は柔道家の嘉納治五郎を尊敬する文化的親日とされる。

つまり俯瞰すれば両国とも、国際政治の荒波の間に間に漂い、国民は歴史の激動に翻弄され、平和条約も結べないまま今日に至っているのだ。

たしかに日本とロシアには、よくいわれる地政学的な対立の宿命があったかもしれない。トルコ、フィンランド、ポーランドなど、現在西側のロシア周辺国は、トーゴー（日本海海戦の指揮官東郷平八郎から）という名のビールや通りの名があったり、ノギ（将軍乃木希典）と名づけられた子供もいるというほど、日露戦争の副産物として親日的であるが、こういったこともロシア文化圏の強い力学を感じさせる。

ビザンチン文化は西洋か東洋か

ロシア正教あるいはそのもとであるギリシャ正教（グリーク・オーソドックス）の聖堂は「ビザンティン様式」である。その特徴は、大きなドーム（半球型）屋根と、聖画（イコン、特に聖母を重視している）の装飾である。一方、ロマネスク、ゴシックと発展したローマン・カトリックの聖堂は、ヴォールト（かまぼこ型）屋根に、彫像とステンドグラスの装飾を特徴とし、イスラムのモスクはドームとミナレット（独立した尖塔）を特徴とし、偶像崇拝を禁じているためにアラベスクという抽象模様のタイル装飾が発達した。

分布地域上も、建築技術上も、ビザンティン様式はイスラム様式に近い。モスクワにも、サンクトペテルブルグにも、ハルビン（ロシアがつくった聖ソフィア大聖堂）にも、イスラム様式を彷彿とさせる巨大な玉葱頭のドームをもつ聖堂がある。つまり、ニコライ堂の様式は、日本人にとっては、大まかに「西洋」であっても、世界的な文化論においては、西と東の中間に位置づけられる文化なのだ。

そのビザンティン文化の中心はイスタンブールという都市である。

古代ギリシャ時代にはビザンティウムと呼ばれ、コンスタンチヌス帝によってローマ帝国の新都となるよう建設されてからはコンスタンチノープルと呼ばれ、やがて東ローマ帝国＝ビザンティン帝国の都となり、オスマン帝国の都となってからコンスタンティニエと呼ばれ、トルコ共和国が成立してからはイスタンブールとなった。いわば世界史の要であり、都市の呼称の変動はそのまま世界史の中心部の力の変動を表している。

つまり、キリスト教もユダヤ教もイスラム教も含めた広範な地中海文化の歴史的中心に位置するのはビザンティン文化なのだ。

そしてこのビザンティン文化は、東欧、スラブ民族圏に広がった。建築様式がそうであるように、スラブ系の文化がイスラム文化に近いところがあるとすれば、イスラエルがアメリカの支援を受けたのに対して、イスラム諸国がソビエトとロシアの支援を受けてきたことも理解できる。プーチンのアサド政権支持にはそういう背景がある。

ちなみにプーチン大統領の母親は熱心なロシア正教徒で、大統領も正教会を厚く保護している。

一方、西に眼を転じると、カトリックとイスラムの建築様式が無関係というわけではない。十五世期におけるレコンキスタの完成まで、スペインはイスラム圏であった。カトリック圏となってからもアラブ人の職人は多く、建築にはイスラム様式の要素がかなり残っていて、これをムデハル様式という。

そして十六世紀以後、スペインは世界にカトリック文化を広げ、南米やフィリピンにキリスト教の聖堂が建ち並んだのだが、そこにはイスラム的な要素がかなり潜んでいるように感じる。そう考えれば、現在の、北米アングロサクソン文化に対する中南米ヒスパニック文化の抵抗には、プロテスタント文化に対するイスラムを近隣とするカトリック文化の抵抗、という図式を見て取ることも可能だ。

建築様式を基準にして世界情勢を考えると、国単位では気がつかないものが見えてくる。ちなみに、このニコライ堂の実施設計*を担当したのは、かのジョサイア・コンドルであるが、建築家の世界では基本設計を重視するので「ニコライ堂はコンドルが設計した」とするのは必ずしも正しくない。とはいえ東洋風を愛したコンドルの弟子である辰野金吾が設計した東京駅のドームに、ビザンティンの風を感じることはまちがっていない。

誰もが東京の洋風建築を西欧的なものと考えている。しかしこれまで見てきたように、この都市を飾る洋風建築には、むしろ東欧的な様式の要素が見られるのだ。明治以来、日本には西欧からの知識、情報が洪水のごとく流れ込んだ。しかし中世その西欧人は、近代科学の基幹となるアリストテレスなど古代の知を、ギリシャ語とアラビア語から学んだのだ。

最近は、北のバルト三国や南のブルガリア、ルーマニアなど、東欧圏が、IT技術で注目されている。そう考えれば、アジアか西欧かで揺れ動いてきた日本にとって、そのあいだにあるビザンティン文化に親しむことは、今後の世界観に新しい視野を開いてくれるような気がする。

そうなればニコライの鐘も、また違った音色で響くだろう。

実施設計：建築の基本形態を決める平面図、立面図、断面図などを描くのを基本設計という。積算と施工契約のための詳細図、構造計算による柱、梁の大きさと鉄筋の配置、空調や上下水道管や電気配線、内装外装の仕様までを描くのを実施設計という。基本設計の前にも企画、計画の提案図が描かれ、現場に入ってからも詳細に関する原寸図などが描かれる。ひとつの建築ができるまでには膨大な図面が必要となる。

漱石という建築——赤煉瓦のメランコリー

銀座煉瓦街

再び東京駅に戻ってこの章を締めくくろう。

といっても実際の主題は、これまでにも触れてきた夏目漱石と建築との関係についてであり、さらに明治建築の象徴としての赤煉瓦についてである。

漱石と建築と赤煉瓦にどういう関係があるのかと思われるかもしれないが、東京駅の設計者辰野金吾とその周辺の人物、明治の国民的作家夏目漱石とその周辺の人物には、いろいろと関わりがあるのだ。ここでミステリー小説のようにその「縁」を追ってみたい。辰野と漱石を結ぶ線上、建築と文学を結ぶ線上に、真犯人像が、いやこの時代の日本文化の実像が姿を現すような気がする。

夏目漱石

「この国には煉瓦が存在しない。何とか普及させてみたいものだ」

維新からまだ間もない東京の街を歩きながら、アイルランド生まれのT・J・ウォートルスは考えた。彼は建築家というより、武器商人グラバーのもとで働いたこともある技術者であったが、すでに大阪造幣寮をギリシャ神殿風の列柱が並ぶ古典主義様式で設計し、日本の権力者たちにそれなりの信頼を得ていた。

たしかに、明治になるまで、日本には煉瓦の建築がなかったのである。そしてそれは、建築分布上とても珍しい、特異なことであった。

世界でもっとも主要な建築材料は、石や木ではなく、土であり、煉瓦なのだ。日干しも含めれば、煉瓦はユーラシア大陸にもアフリカ大陸にもアメリカ大陸（ヨーロッパ人以前の）にも、地球上ほぼ全域に分布している。中国でも庶民は煉瓦（塼《せん》）あるいは土壁（版築）の家に住む。インドでも東南アジアでも宗教建築を石と煉瓦でつくる。

しかし日本には、明治になるまで煉瓦が普及しなかった。

これは僕の専門分野で詳しく論じると煩瑣になるが、この国に木造建築が発達したのは、樹木が豊富であったということが大きい。そして仏教が中国経由で入ったことにもよる。一般に、住居は木や土や藁でつくっても宗教建築は石や煉瓦でつくる地域が多いのだが、中国では逆に、住居を煉瓦や土でつくり宗教建築を木でつくる傾向がある。日本は仏教を中国から受け取ったため、住居ばかりでなく寺院も木造となった。つまり純木造文化の国なのだ。

そしてこれだけの文化文明を有しながら煉瓦建築がないということが、ヨーロッパからアジアをまわってきたウォートルスには不思議であった。しかも文明開化の世であるから、政府もまた、ヨーロッパのような煉瓦造を普及させることを試みた。

明治五年、政府は銀座大火の焼跡に煉瓦の街並みをつくることを決定し、設計をウォートルスに依頼した。彼は自ら煉瓦工場をつくってその建設に当たる。そして明治十年に完成し、銀座から新橋にかけて、二階建ての一大煉瓦街ができあがったのだ。今もその片鱗が残っていて「煉瓦街」が一種のキャッチフレーズになっている。

だがこれは成功しなかった。衛生上の評判が悪く、空き家が多かったのだ。いくつかの店舗が開業したが、次第に取り壊されて、関東大震災で完全消滅してしまったのである。この湿度の高い国において、人々は生活空間に木造を選択しがちであり、煉瓦の普及は簡単ではなかった。風土というものだ。

その後、ウォートルスは、アメリカに渡って、コロラドの銀山を発見し大成功したという。チャレンジ精神の旺盛な人物だったのだろう。

たしかに日本の風土には木造建築が適していたし、それが圧倒的な伝統文化となってもいる。しかし近代的な大都市を埋めるには決定的な弱点があった。火事に弱いことだ。木造密集家屋は燃料庫のようなもので、江戸の火消したちは周囲の家屋を引き倒して燃料を断つことによって、火災の拡大を防ぐ他なかったのである。

近代的都市化が進むとともに、その耐火性によって煉瓦造が見直されていく。まず眼をつけたのは軍であったが、コストの関係で進まず、鉄道関係の施設が先に取り入れたようだ。不燃であることとともに、文明のイメージがあったからだろう。そして学校や銀行がこれに続いた。その設計者として活躍したのが辰野金吾である。

古典主義の石造・ロマン主義の煉瓦造

しかし当時のイギリスでは、煉瓦造に別の意味があった。

ここでわれわれはまた、あの岩崎邸の設計者であり、辰野金吾に建築を教えたジョサイア・コンドルに眼を転じる必要がある。
十八、九世紀のヨーロッパには、建築ばかりでなく、音楽にも、絵画にも、文学にも、「古典主義」対「ロマン主義」という構図が存在した。
建築において、古典主義（新古典主義も含め）は、古代ギリシャ神殿の石造建築につうじ、ロマン主義はゴシック時代の赤煉瓦建築につうじるのだ。ヴィクトリア時代後半の英国知識人には、国家の威信を感じさせる古典主義様式に対する反発があり、ロマン主義的な中世志向、東洋趣味の傾向があった。コンドルもその一人である。そういった精神が、世紀末に向けて、イギリスでアール・ヌーヴォーの先駆けとされるアーツ・アンド・クラフツ運動という潮流につながっていく。

そのコンドルが日本で教えた第一期生の中で、もっとも成績が良く大学に残って教授となったのが辰野金吾である。つまり辰野にも、コンドルのロマン主義的な作風が流れ込んでいる。辰野は卒業してすぐイギリスに渡り、コンドルの師であるウィリアム・バージェスの事務所で働いているが、このバージェスもまた、古典主義を嫌う、中世的な作風の人であった。

辰野自身は、大きな権力と名誉を手にした立志伝的な人物で、設計する建築が丈夫なことから辰野堅固とも呼ばれ、亡くなる前に万歳三唱したというから、それほどロマン主義的な人間とは思えないが、設計者としてコンドルやバージェスの作風が染み込んでいることはまちがいない。

それが東京駅の赤煉瓦につながっていく。

ウィリアム・モリス

そしてウィリアム・モリスである。

コンドルが離れるころから英国の文化状況に大きな地位を占めたモリスは、建築家でもあり、文学者（詩人）でもあり、社会主義運動家でもあった。もちろんアーツ・アンド・クラフツ運動の指導者として知られ、近代建築史と近代デザイン史の最初のページを飾る、きわめて重要な人物である。

英国世紀末の芸術潮流をリードしたモリスは、石造の古典主義的な建築を嫌い、赤煉瓦のゴシック風の建築を愛した（たとえば『ユートピアだより』）。つまりバージェス、コンドル、モリスには、連続する共通性があり、それが日本の建築界にも移植されているのである。

そこに、夏目漱石につながる線がある。

ロンドンに留学した漱石はモリスの詩集を全巻買い込んでいる。また漱石研究の第一人者江藤淳も、モリスと交流の深かったラファエロ前派*の画家たちの漱石に対する強い影響を指摘している。たしかに英国世紀末の憂愁（メランコリー）は『それから』などの漱石作品によく現れているのだ。このころから漱石の筆致は「快活」から「憂鬱」に転じている。

漱石の日記から、ロンドン滞在中に訪れた建築をリストアップしてみると、劇場、美術館が多く、ほとんどが壮麗なグリーク・カラムに飾られた古典主義的な建築であることが分かる。しかし漱石が小説にしたのは『倫敦塔』や『カーライル博物館』など中世ゴシック風の建物ばかりで、ヴィクトリア朝大英帝国の栄光を象徴する古典主義、新古典主義の建築についてはほとんど触れていない。

漱石のロンドン滞在は憂鬱なものであった。その生活に染み込んだモリスに象徴される英国世紀末のメランコリーが、明治末から大正にかけての日本の知識人に伝わっていくのだ。

建築を建築界の中だけで論じる必要はない。日本の建築家、建築史家は、

ラファエロ前派：19世紀イギリス美術界で、ルネサンスの巨匠ラファエロの画法を理想とする教育に反対して、それ以前の自然な絵画に戻ることを主張したグループ。主要なメンバーであったD・G・ロセッティはウィリアム・モリスの妻と複雑な関係にあった。

ほとんどが工学部出身であるため、このあたりの文化的な視点が欠けている。

ユーラシア大陸の西の島国である英国は、この東の島国の文明開化にとって最大のお手本であった。英国もヨーロッパでは雨が多い地域で、中世には木造藁葺の家が多かった。気温を除けば、日本との風土的な共通点もあるのだ。

漱石と洋風建築

しかも漱石は若いころ建築家を志したことがある。

作品の中には建築の様子が詳しく描かれ、特に洋風建築については、専門用語も登場して実に詳細である。

たとえば『虞美人草』の主人公甲野藤尾は、絶世の美女とされているが、麗々しいフランス風インテリアに飾られた書斎に置かれ、この書斎が野心家の小野を引きつけるという設定である。

「仏蘭西窓を右に避けて一脚の机を据える。蒲鉾形に引戸を卸せば、上から錠がかかる。〜中略〜その外に洋卓がある。チッペンデール*とヌーヴォーを取り合せたような組み方に、思い切った今様を華奢な昔に忍ばして。室の真中を占領している」

また漱石の妻鏡子の妹時子は、名古屋高等工業の建築家教授（プロフェッサー・アーキテクト）鈴木禎次と結婚している。鈴木は辰野の弟子であり、「東海の辰野金吾」ともいわれ、辰野以上にロマン主義的な作風で、松坂屋の前身いとう呉服店、名古屋銀行（現三菱ＵＦＪ銀行）など、中

チッペンデール：18世紀イギリスのロココ風家具産業。

部地区の洋風建築を一手に設計した。辰野の作品は、北海道から九州まで、日本全国に分布しているのだが、鈴木がいた東海地方だけは抜けているのだ。

僕は鈴木のお孫さんから詳しく話を聞く機会があったが、親戚嫌いで知られる漱石が、この夫婦とだけは親しくつき合ったという。そして時子は西洋風で気の強い女性で大変な美人であったという。僕は漱石作品（特に前半期の小説）に現れる典型的なヒロインのイメージ（岩崎邸のところで書いた、新しい時代の、気の強い、美しい女性）に鈴木の妻時子を想定していたが、そのお孫さんの話を聞いて確信に変わった。簡単には説明できないので、これについては別の著書を参照していただきたい。

また辰野金吾の長男隆《ゆたか》は漱石に私淑していた。もともと胃病だった漱石だが、死因となるほどに悪くしたのは、隆の結婚式で食べすぎたためともされている。隆はその後、東京帝大仏文科の名物教授となり、弟子として三好達治、小林秀雄、太宰治など名だたる文学者を輩出した。大江健三郎は孫弟子に当たる。

つまり建築家の家族は文学者につながり、文学者の家族は建築につながる。というように、辰野金吾と夏目漱石の周囲の人物、ジョサイア・コンドル、ウィリアム・モリス、辰野隆、鈴木禎次といった人物には、建築と文学を巡る不思議な縁があるのだ。

もちろん東京駅は華やかな造形で、特にメランコリーの空気が感じられるわけではないが、帝都としての威容を求められているにもかかわらず、重厚な権威よりも優しいロマンを感じるのはまちがった感覚ではない。そして明治の末から大正時代の洋館には、鉄の装飾のついたドアや、蔦を這わせた壁に、どことなくメランコリーな空気を感じるのもまちがった感覚ではない。

建築は建築家がつくるものであると同時に、その時代の総合的な文化の空気がつくるものだ。赤煉瓦という素材は、単に洋風ということだけではなく、文学、絵画、建築をつうじた英国世紀末のロマン主義につうじるもので、その空気が漱石をつうじて日本の知識人に広がっていたのである。明治の空気は活動的であり、大正の空気は思索的であったが、その転換点に、東京駅が建ち、夏目漱石が立っている。

そして時代は急速に移っていく。

アール・ヌーヴォーからゼツェッシオン*へ、というモダニズムの進展の中で、煉瓦造は姿を消していった。日本では帝国ホテルの設計で来日したフランク・ロイド・ライトの影響で、ベージュ色のスクラッチ・タイルが広がり、ヨーロッパでは、機能主義モダニズムの、ことさらに風土性を消した「白い建築」が増えていく。

極東の島国において、世界建築史上最大の素材である煉瓦の時代は、木造建築から近代建築への橋渡しのような、きわめて短い期間に実現したに過ぎなかった。端的にいえば、木造の「黒い建築」が、煉瓦造の「赤い建築」に変わり、モダンな「白い建築」に変わる。それが日本の街並

ゼツェッシオン：分離派。アール・ヌーヴォーに続く主としてドイツ語圏の建築運動だが、ウィーンの分離派が特に有名。「分離」とは「過去の様式から分かれ離れる」という意味。

みの近代化であったのだ。こうして「明治＝赤煉瓦」というイメージが、日本人の心に染みついたのである。

とはいえ、漱石の小説に登場するのはもっぱら「新橋ステーション」であり、東京駅ではない。彼は東京駅以前の作家なのだ。

美しい島

欧米では台湾のことを別名「Formosa」と呼ぶ。最初にポルトガルの船乗りがそう呼んだからで「美しい島」という意味だ。

僕はその美しい島で生まれた。

上から見るとジャガイモのような形のこの島は、西側が拓けた平野で、北から南へ、台北、台中、台南、高雄と主要都市が並び、東側は急峻な山脈で、その山塊に抱かれるように花蓮という港街がある。日本に近いので早くから植民が進み、街自体が花蓮港と呼ばれた。大理石が浸食されてできた太魯閣《たろこ》という美しい峡谷の入口でもあり、水と緑と岩塊の勇壮な景観が延々二十キロにわたって展開されるダイナミズムは、日本に近いこれだけの観光資源を見に行かないのは損だと思うほどの絶景である。

あの慟哭の八月十五日から一年半後、僕はその花蓮港に生まれた。父が発電所の技術責任者であったため引き揚げが遅れているあいだに、年の離れた末っ子として、必要もないのに終戦の喜びからヒョッコリとできた、いわゆる団塊の世代である。

生後三ヶ月で日本に引き揚げたから、台湾の記憶は残っていない。満州のように死線を越えることはなかったが、引き揚げ船に乗り込むために細い板を渡るとき、赤子だった僕を海に落としそうになったと姉がいう。船底鉄板の上、直接は帰れず、一昼夜留め置かれて調べられ、荷物は一家族行李二つに限られ、貴重品は没収された。佐世保港で初めて故国の土を踏んだのだが、引き揚げ列車は満員で、僕は荷台の上に載せられた。立ちん坊の引き揚げ者たちは皆協力的で「ハンモックだね」といって笑ったという。

下の姉とともに、花蓮を再訪したのは還暦近くになってからであった。

兄や姉たちが学んだ学校の卒業生たちの訪問団に加えてもらったのだ。もちろん皆相当の高齢で僕が最年少である。

台北を経て花蓮に到着すると、訪問団のメンバーたちと机を並べて学んだ台湾人同窓生たちの大歓迎を受ける。政治家や企業経営者になっている人が多く、日本語はペラペラ、順番に歓迎会を主催してくれるので、食事代は不要である上に食べすぎの心配をしなければならない。その雰囲気は、マスコミで報じられる中国や韓国の人たちの怨念とはかけ離れたものであった。

歓迎も一息ついた一日、父の部下だった人の息子さんが、姉と私を、太魯閣峡谷に少し入った立霧というところにある発電所に案内してくれた。

そこが父の仕事場だったのだ。峡谷から山沿いの細い道に入り、山にかかる発電施設を横に見ながら、小さな事務所の前で車を降りる。ちょうど休日だったので最小限の人がいるだけだ。「ここが若山さんの席だった」といわれたときは、その椅子に亡き父が座っているような気がして、胸が熱くなった。父は、台湾の人たちにも分け隔てなく専門書を与えて技術を教えたという。引き揚げ後は、佐久間ダムをはじめ日本の水力発電所を多く手がけ、「測量の神様」と呼ばれた実直な技術者であった。

何日か滞在するうちに、台湾生活の経験をもつメンバーたちは、その記憶をもたない私に、いろいろと教えてくれる。

「内地からやってきた新任の先生が、日本人も含めた台湾にいる人間を、内地の人間の下に置く発言をしたことがある。われわれは現地の人と机を並べて教育を受けていたのでショックだった。そのころは、天皇陛下に近いところにいる人間と遠いところにいる人間とで序列がつけられたのだよ」

この話を聞いて僕はとても腹立たしかった。台湾では日本人と台湾人を差別しなかったにもかかわらず、内地では同じ日本人を差別していたというのだ。ありそうなことだ。大日本帝国の実態はそんなところかと思った。

また、私の家族と同様に引き揚げが遅れたある御婦人が、貴重な経験を話してくれた。

「日本が戦争に負けて、大陸から蔣介石軍がやってきました。私は日本軍のように粛々たる軍隊を予想していたのですが、やってきたのは上半身裸の農民で、銃剣の代わりに鍋釜をぶら下げ、鳥や豚を引き連れていました。彼らは電気も水道も見たことがないのです。スイッチをひねって明るくなることに歓声をあげ、水道の蛇口だけもってくればそこから水が出ると思っていたほどです。もちろんまったく字が読めません。台湾の人たちはわれわれと同じ教育を受けていたから新聞でも何でも読める。そこに悲劇が起こりました」

知の虐殺

「台湾大虐殺」である。

一九四七年二月二十八日、僕が生まれて一ヶ月あまりのこと、ある事件に対する本省人*の抗議デモに対して、蔣介石軍が無差別銃撃したことから起きた事件で、「二・二八事件」とも呼ばれる。蔣介石はまだ大陸にいて、陳儀という人物（司馬遼太郎は「ヤクザのような男」としている）が将軍として乗り込んできていた。彼らは暴行や略奪に抗議した無抵抗の本省人を、特に教師、弁護士、医師などの知識人をとらえ、手に針金を差し込んでつなぎ、「ちまき」と称して海に投げ込んだのである。一八〇〇〇〜二八〇〇〇人が殺されたという。

まさに虐殺である。しかも戦争に負けた日本人に対してではなく、もとは同じ中国人に対してであった。

ここで注目したいのは、知識人が対象にされたことだ。

そこに、教育を受けていない者の、教育を受けた者に対する、文字を読めない者の、文字を読める者に対する、農村人の都市人に対する、根深い「怨念」を感

本省人：もともと台湾にいた人すなわち日本人と同じ教育を受けている。日本時代は本島人と呼ばれた。これに対して蔣介石以後に入ってきた人を外省人と呼ぶ。

じることである。

このことから、ポルポトのプノンペン市民虐殺を連想するのは僕だけではないだろう。

奥深い農村部に依拠していたポルポト派は、カンボジアの首都プノンペンを占拠すると、知識人を農村に引っぱりだして酷使した上で次々と殺していった。教師、医師、技術者を無差別に殺し、無知を装うと少しでも文字を読むそぶりをした者をすべて、さらには眼鏡をかけている者すべてを殺したという。その数の推定には諸説あるが、少なくとも一〇〇万人以上の規模である。本来、カンボジア人はきわめて温和な民族とされたのだが、このときは逆であった。国民は今も、農村地帯に大量に残された地雷という物理的な負の遺産とともに、この虐殺の記憶という精神的な負の遺産に悩まされつづけている。

もう一つ思い当たったのは、アフリカのルワンダにおけるフツ族によるツチ族の大虐殺（人口が一七〇万減少したという）である。これはかつて、植民地支配者のベルギー人が、白人に似た容貌をもつツチ族を優遇し、教育し、多数派のフツ族を酷使したことへの、長期にわたる怨念が原因となっている。こういった現地人差別を利用した支配は、欧米の植民地運営にしばしば見られた。そして植民地からの独立後、力関係の逆転が起きたとき、下位に置かれた方が上位に置かれた方に復讐するのだ。

毛沢東時代の中国における「下放」という、都市部の知識人を農村に送り過酷な労働につかせる政策にも似たものがあった。

なぜこういうことが起きるのだろうか。

文明の進行過程で、心の深部に「文字への怨念」「知識への怨念」「都市への怨念」といったものを抱いていた人たちが、立場が変わることによって積年の恨みを噴出させてしまう。

産湯に浸かっていた僕の周辺では虐殺が起きていたのである。

この無意識の体験、知識による記憶は、僕の今までの建築学研究とそれをもとに書いてきた文化論に結びついて「都市化の反力」という概念となった。人間は「都市化する動物」であり、同時にその心に「都市化のルサンチマン=知への怨念」ともいうべき、反対方向の力をやどす動物なのだ。

そしてその反力が、憧憬と嫉妬、尊敬と侮蔑、優越感と劣等感といった広範な感情に結びついているように思えた。

戦争は人を生む

特攻といえば鹿児島県の知覧が知られているが、花蓮にも、特攻隊の基地があったのだ。

この戦法は太平洋戦争の末期、ほぼ確実な敗戦に向かっているときに沖縄周辺の海戦で使われたので、花蓮から出撃する方が合理的ではあった。片道の燃料しか積まず、最後には練習機のようなものまで使ったというから、パイロットの技術などよりも、とにかく近い方がよかったのだ。

その特攻の兵士が出撃前に招待されたという建築が残っている。

港を一望する小高い丘に登ると、こぎれいに整えられた松林の中に、「松園」と呼ばれる、瀟洒な二階建ての建築が建つ。日本軍の高級将校用施設だったのが、敗戦近くなって、特攻兵士の最期の接待所となったのだ。白い清潔な外観の「洋館」というところが印象的で、内地から離れた丘の上だけに、地元共同体の懐に抱かれたような知覧とは違った浮遊感にとらわれた。

爽やかな松風が吹く。謡曲なら天女が舞うところだが、僕の脳裏には、特攻服の少年兵が「自分は何のために散ったのか」と問いかけるように浮かんできて、なかなか消えなかった。

戦後は、米軍将校の招待所としても使われたという。

しかしその陰で地元の人たちは、敗戦時に多くの日本兵がここで自決したので幽霊が出るとされ、あまり近づかないようしていたという。

ちなみに、僕を身ごもったとき、母はすでに子宮における不治の病におかされていた。不調を訴えたが、多くの日本人は引き揚げたあとで、ろくな医者がいなかったので妊娠のためだろうということになった。

引き揚げ後、父の郷里である岐阜県に帰り、名古屋の大学病院で診察を受けたときにはすでに手遅れで、母は亡くなった。もしまともな医者が早期に診察していたら、母は命を落とすことなく、僕は水子となって流されていたに違いない。

戦争は人を殺すものだが、生みもする。

敗戦と引き揚げによって、僕の家族は収入と家財と母を失った。

父が東京に職を得たので、家族は世田谷区に移り住んだが、僕は長崎の叔父の家に預けられた。兄が連れていったのだが、遠く離れた知らない人の家に一人置いていかれることが分かって、喉から血が出るまで泣き止まなかったことを今でも覚えている。このころの僕は、自分を保護してくれる人格を探し求める存在で、短期間だが叔母を「おかあさん」と呼んだ。

小学校に上がるときに東京に戻され、父は後妻を迎え、僕は継母に育てられた。もちろん「おかあさん」と呼んだ。幸いにも優しい人だった。

継母に初めて手を取られて街を歩いたときの温もりを覚えている。姉たちもよく面倒を見てくれたのだが、ともすればその手は離れがちであった。しかし継母の手は逃げていかない。安心して街のお菓子屋やおもちゃ屋の店先に並ぶ商品に集中できるのだ。

僕は初めて「持続的な母の手」を得たのである。

血のつながりのない手ではあったが、そんなことはどうでもよかった。

本章に関わる筆者の著書と参照図書

『漱石まちをゆく――建築家になろうとした作家』若山滋・彰国社、二〇〇二年
『建築家と小説家――近代文学の住まい』若山滋・彰国社、二〇一三年
『敗北を抱きしめて――第二次世界大戦後の日本人』ジョン・ダワー、三浦陽一、高杉忠明 訳・岩波書店、二〇〇一年
『菊と刀――日本文化の型』ルース・ベネディクト、長谷川松治 訳・講談社学術文庫、二〇〇五年
『吾輩は猫である』夏目漱石・漱石文学作品集・岩波書店、一九九〇年
『それから』夏目漱石・漱石文学作品集・岩波書店、一九九〇年
『ユートピアだより』ウィリアム・モリス、松村達雄 訳・岩波文庫、一九六八年
『日本建築家山脈』村松貞次郎・鹿島出版会、一九六五年
『明治の東京計画』藤森照信・岩波現代文庫、二〇〇四年

II

モダニズムとテロリズム

日本工業倶楽部会館

日本工業倶楽部会館――モダン・アーキテクチャーと團琢磨暗殺

洋風からモダンへ

華やかな東京駅の陰に隠れて目立たないが、丸の内北口のほど近く、茶色いレンガタイルの古い建築が、ガラスの高層オフィスビルに抱かれるように建つ。日本工業倶楽部会館である。よく見れば、なかなか洒落た建築だ。

これは東京駅のような「洋風建築」とは一線を画するもので「モダン・アーキテクチャー」の部類に入る。

日本の歴史学では明治以後の建築をすべて「近代建築」とするが、国際的にモダン・アーキテクチャー（近代建築）とは、古代ギリシャ風の柱や、中世ゴシック風の尖頭アーチや、日本風の大屋根や、といった過去の様式ではなく「必要な機能に即して形を決める」という新しい思想（モダニズム）に沿ってつくられた建築をいう。

多くの建築家はこちらに準じているので、建築史家が書くテキストとのあいだにズレが生じ、それが一般の人の誤解につながっている。本書は、建築家の立場であるから、前章で扱った東京駅や岩崎邸やニコライ堂は「近代建築」ではなく「洋風建築」と呼んでいる。

とはいえこの日本工業倶楽部会館は、バウハウス*や、ル・コルビュジエ以後の、一切の装飾を否定したインターナショナル・スタイル*とも一線を画する。日本では数少ない「ゼツェッシオン（分離派）様式」である。

日本工業倶楽部というのは、福沢諭吉が明治期に結成した「交詢社」にも似た財界人（特に工業）の交流の場で、のちの経団連、日経連などにつながるものだ。

その会館は大正九年（一九二〇）に建設され、二〇〇三年に高層建築に建てかえられるさい、建築学会などの要請によって正面の低層部が保存再生された。公式の設計者は横河工務所（現在の横河建築設計事務所）であるが、所長の横河民輔は、設計実務をスタッフに任せるところがあり、詳細の設計者は、所員の松井貴太郎であるといった方がいいのかもしれない*。

横河は、アメリカからの鉄骨構造技術の普及に尽力し、東京帝国大学でも講義し、工学博士でもあった。つまり単なる建築家というより幅の広い技術者として、財界か

バウハウス：1919年にドイツで設立されたデザインの建築と工芸デザインの学校。初代校長はヴァルター・グロピウス。機能主義モダニズムの教育理念によってヨーロッパの建築に大きな影響を与えた。

インターナショナル・スタイル：機能主義モダニズムが透徹して地域の伝統と風土を超えて成立する世界共通の様式。特にミース・ファン・デル・ローエの鉄とガラスの建築に用いられた用語。

詳細の設計者は〜：設計事務所にはアトリエ事務所と組織事務所があり、創設者の名を冠しても組織事務所の作品の設計者は所属する担当者と考えるべきである。

らも経営手腕を評価され、横河橋梁製作所（現在の横河ブリッジ）、横河電機などを創業している。この日本工業倶楽部会館も鉄骨構造である。日本のモダン建築は多くヨーロッパの前衛運動の影響を受けているが、特に技術的な側面に関してはアメリカの影響も小さくない。

さてゼツェッシオンとは何か。

アール・ヌーヴォーやアール・デコが、どちらかといえば室内装飾や工芸デザインの分野に広がったのに対して、本格的な建築の近代は、このゼツェッシオン（分離派）から始まったともいえる。「分離」とは「過去の様式から分離する」ことを表す。つまりヨーロッパの建築史において「モダン」とは、古代ギリシャ以来の文化的な母体からの「決別」を意味したのだ。

この言葉を知っている人は建築通であろう。学生時代に建築を志望したことのある夏目漱石の作品にも登場し、彼は英語読みで「セゼッション」と記している。日本でも大正九年「分離派建築会」が結成され、モダニズム運動の幕が切って落とされた。

意匠としては、ちょうどヌーヴォーとデコの中間で、植物模様や人体像などの装飾と幾何学的な造形が一体となって、柔らかなロマンが感じられる。もともとドイツ語圏に広がった運動であるが、特にウィーンのそれが有名で、画家のグスタフ・クリムトも中心メンバーの一人であった。実はこのウィーンという都市が、モダニズム建築のメッカであった時代があり、そこで圧倒的な存在感をもっていたのは、オットー・ワーグナーという建築家である。

ゼツェッシオンの建築家は彼の弟子たちが中心で、彼自身は短期間しか入会していなかったが、ワーグナーは、装飾的な作品から次第に機能主義的な作品に移行し、建築の近代化に大きな足跡を残している。「芸術は必要にのみ従う」という理念を明示し、カールスプラッツ駅、郵便貯金局、シュタインホーフ教会など「ウィーンをつくった建築家」といってもいい。

一般に、フランク・ロイド・ライト、ル・コルビュジエ、ミース・ファン・デル・ローエの三人を近代建築の巨匠とし、場合によりヴァルター・グロピウスを加えるのであるが、僕はさらに彼らの先達としてオットー・ワーグナーを加えたい。ライトとワーグナーには、イギリスのチャールズ・レニ・マッキントッシュともつうじる、自由で、柔らかく、ほどの良い、装飾から機能へと転換する微妙な造形美がある。

ウィーン郵便貯金局内部

またもう一人、巨匠に加えたい人物として、のちのルイス・カーンをあげておきたい。モダニズムを前に進めることでもなく、そこから脱することでもなく、人類の普遍的な空間原理に還元した建築家である。安藤忠雄にも大きな影響を与えている。カーンが設計したソーク研究所の中庭に立ったときの、建築よりも海と空の力を感じるような、地中海から始まった人類の知が太平洋にぶつかったと感じるような、始原的な空漠感を忘れることができない。

十九世紀末から二十世紀にかけてのウィーンでは、城壁を壊したあとのリングシュトラーセの周辺に、様式派のゴートフリート・ゼンパーが設計した美術館、博物館に加えて、ワーグナーとゼツェッシオンの作品が建ち並んだ。また「装飾は罪悪である」という言葉によって前衛の代表的存在となったアドルフ・ロースもいて、一時グロピウスも滞在し、あの有名なアルマ・マーラーと一緒になっている。哲学者のヴィトゲンシュタインは姉の家を設計している。ハプスブルグ家の遺産ともいうべき歴史的な街並みに、前衛建築運動の花が開いたのだ。

建築だけではない。稀に見る美女でしかも語学の才能に恵まれた皇后エリザベートの膝下、「世紀末ウィーン」といわれる文化の黄金時代が出現した。美術ではクリムト、エゴン・シーレ、文学ではカール・クラウス、音楽家に至ってはヨハンシュトラウス、ブラームス、マーラー、シェーンベルクなど、枚挙にいとまがない。ウィーンの建築を見て歩くと、彼らの音楽が浮かんでくるような気がするが、おそらく、音楽が建築を生み、建築が音楽を生むというようなことがあったのだろう。

建築家を目指す学生にも、建築に興味のある人にも、ロンドンやパリより、まずウィーンを、そしてワーグナーの作品を見に行くことを勧めている。豊かな緑に恵まれ、歴史と文化が匂い立つような街だ。

欧米いいとこ取り

日本のモダニズム建築には、イギリスのアーツ・アンド・クラフツ運動、フランスとベルギーのアール・ヌーヴォー、オーストリアのゼツェッシオン、アメリカのシカゴ派*、ドイツのバウハウスと表現主義*、といったぐあいに、ヨーロッパ各国の動きが次々と入り込んで影響を与えている。

考えてみれば、こういったことは建築だけではない。明治以後の日本文化には、欧米各国のそれぞれの得意分野がそれぞれの支流を形成しているのだ。フランスは美術に優れ、ドイツ（ドイツ語圏）は音楽に優れ、ロシアは文学に優れるが、日本はこれを「いいとこ取り」しているのである。

こんな国は他にないだろう。

当のヨーロッパではそれぞれのナショナリズムがあるから、他国のいいところをそのまま受け入れることはできない。またアジア、アフリカ、ラテンアメリカの、植民地となった国々では、宗主国の文化が圧倒的な影響力をもつ。

その意味で日本という国は、欧米以外の地域で唯

シカゴ派：1871年のシカゴ大火の復興で鉄骨構造の高層建築を設計した建築家たち。高層建築は繰り返しが多く一種の量産であり、機能主義モダニズムの契機となった。ルイス・サリバンは「形態は機能に従う」という言葉を残し、F・L・ライトはその弟子である。

表現主義：主として1930年代のドイツに起きた人間の情念を表現する芸術運動。美術、建築、映画に現れ、世界恐慌のあと第二次世界大戦に向かう不安な心理を反映している。

一早々と先進化し、しかも欧米各国の文化文明のいいとこ取りをして、しかもそれを日本文化に接ぎ木するようにして育ててきた、実にユニークな文化の国なのだ。最近、日本の経済よりも文化に対する評価が高いのは、伝統文化とともに、こういった近代欧米文化の「いいとこ取り」にも由来していると思われる。おどろくべき文化受容力といっていい。

だがそれが、しっかりとした文化思想として構築されているかというと、そうはいえない。街並みが仮設的で混沌としているように、その文化にもさまざまな要素が混在して、思想の背骨が見えないところがあるのだ。

さてゼツェッシオン以後、世界の建築が大革命を経験するのだが、その根底に「鉄を主構造として使う*」という産業技術の発展があった。石と煉瓦と木の建築が、鉄とガラスとコンクリートの建築に変わっていくのだ。

「工業倶楽部」の創設は、日本の産業の主力が、それまでの製糸業（養蚕農家から転じた業者が多く農業に近い）などから、鉄の機械力を駆使した工業に転じたことを示している。

初代理事長は三井財閥の総帥、團琢磨であった。

團は、マサチューセッツ工科大学の鉱山学科を卒業し、東京帝国大学の助教授となり、工部省を経て、三井に移っている。三池炭鉱に英国式のポンプを導入して発展させたのは團の功績で、

*「**鉄を主構造として使う**」：鉄をそのまま骨組みとする鉄骨構造と、鉄筋としてコンクリートに入れる鉄筋コンクリート構造がある。

横河と同様、工学博士となった。

工業倶楽部理事長のあと、日本経済聯盟会（経団連の前身）を設立する。つまり團琢磨は、新しい技術が、新しい産業を興し、経済と国家を牽引するという、工業資本主義時代の象徴的リーダーであった。

日本は、第一次世界大戦で得た漁夫の利を背景にして、工業化が進み、都市化が進み、モダンという意味での近代国家への道をひた走る。モダンガール、モダンボーイが銀座を闊歩し、ある意味で〝頽廃〟ともいうべき都市風俗が広がっていく。

東京への怨念

そしてその反動がやって来る。

大正十二年には関東一円が大震災に見舞われ、昭和四年にはウォール街の株価が暴落し世界が大恐慌の波に襲われる。昭和六年には満州事変が勃発、また東北地方は飢饉となって、若い女性の身売りが横行した。そして昭和七年、團琢磨は、日本橋の三井本館入り口で狙撃されて命を落とすのだ。

「血盟団事件」である。

茨城県の日蓮宗僧侶井上日召が、心酔者の若者に政財界の大物をターゲットとして「一人一殺」を命じたもので、井上準之助（日銀総裁、大蔵大臣）と團琢磨が犠牲となった。右翼陣営の大川周明、西田税、四元義隆なども関係し、のちの五・一五事件、二・二六事件の引き鉄ともなり、三島由紀夫にも強い影響を与えている。

つまりこの事件は小さなカルト集団の跳ね上がりではなく、頭山満を淵源とする脈々たる日本右翼の奔流が堰を切ったのである。急進的な愛国思想が自死をもって「君側の奸を討つ」という行動となり、それが常態化して、戦争では特攻という究極の戦術にもつながった。

そしてそういった事件の決意表明には、常に、地方からの特に東北寒村からの「東京への怨念」が吐露されていたことに注目すべきである。

冬の季節がやってきた。

東京に強く雪が舞う。

政治家がテロに狙われることは多いが、経済人が犠牲になるのは珍しい。よほど目立つ存在だったのであろう。この時代、右も左も、資本主義の急激な進展に対して、極端な社会主義と国家主義を唱えたのであり、東京はその攻撃すべき資本主義の象徴であった。

血盟団以後のこういった事件が、言論封殺、軍部独走につながったのはたしかであるが、戦争の原因をそこに集約させるのはどうであろう。丸山眞男という頭脳明晰な政治学者の論究(『現代政治の思想と行動』)は、鋭く的を射ているが、いくぶんか知的エリートの責任を、象牙の塔にこもって現実を直視しなかった責任を回避したところがあるような気がする。

日本の近代化に生じた「都市化の反力」に眼を向けるべきであり、そしてその力学の背景には、長いあいだの西欧の植民地主義があったことにも留意すべきである。「東京裁判」にはその視点が欠けていた。要するに日本は、帝国主義の本家によって未熟な新参者として裁かれたのだ。最近（二〇一九年）リバイバル上映された小林正樹監督のドキュメンタリー映画『東京裁判』は見応えがあった。

この工業倶楽部設立を契機に、日本は産業技術とモダニズムの時代へと進み、銀座の街をモガモボが闊歩した。そして血盟団事件を契機に「東北寒村」からの若者の不満が爆発して軍部独走とテロリズムの時代へと移行した。維新直後「西南雄藩」で頻発した不平士族の反乱が一段落して鹿鳴館時代がやってきたのとは逆に、時代の振り子が、急速な都市化からその反力に振れ返したのである。

つまり建築に「洋風」と「近代」のズレがあったように、日本のナショナリズムには、明治以来の西洋への反力と大正以後の工業資本主義への反力がズレを伴って作用しているといえそうだ。こういったズレはアジア、アフリカ、ラテンアメリカの各国にもそれぞれの事情を伴って存在する。文化の力学は単純ではない。

こうして東京は、モダニズムの街からテロリズムの街に変貌した。

今、日本の近代を支えた工業の時代は陰りを見せている。

国を代表するようなものづくり企業が、基準を無視し、データをごまかし、決算を粉飾し、といったことが明るみに出ている。そして若者は理系離れして、マスコミ、芸能、ゲーム、動画といった分野に人気が集まっている。

もともと僕も技術屋だからいうのではあるが、他国に比べ、今のこの国では、技術者の地道な努力が正当に評価されていない。

ちなみに、團琢磨の孫、團伊玖磨は音楽家で、その子、團紀彦は建築家である。どうやらこの家はウィーンにつながっている。

自由学園・明日館《みようにち》――ライトの遺品・自由が輝いていたころ

ライトの木造建築

自由学園・明日館

僕らは、フランク・ロイド・ライトが設計した東京帝国ホテルを知っているが、若い建築家はせいぜい明治村に移された玄関まわりからその姿を想像するばかりだから気の毒である。特にあのバンケットホールの内部空間が失われたことは、世界の建築遺産にとっても大きな痛手であった。しかし実は、現在の東京に、ライトの作品がほぼ完全な形で残っている。

目白と池袋のあいだにある自由学園だ。

ライトが助手の遠藤新とともにつくった木造の小品であるが、ライトの初期の作風がよく現れていて、僕の好きな建築のひとつである。この「木の文化の国」に、伸び伸びとして変化

自由学園食堂内部

に富むライトの造形と日本の精緻な職人技術が融合した空間が残されたことは素晴らしい。一九二一年、帝国ホテルより一足先に完成している。

ライトは浮世絵の蒐集家でもあり、日本文化にきわめて造詣の深い人物であった。「プレイリー・ハウス（平原住宅）」と呼ばれる、水平に広がる、軒の深い、ライト独特の住宅の作風は、もちろんアメリカの広大な風土からくるものであるが、明らかに日本の伝統的な住宅文化の影響がある。

自由学園の創始者は羽仁もと子である。来日中のライトをつかまえて強引に設計を依頼したようだ。なぜライトだったのか、またなぜ彼が引き受けたのか。もちろんすでに高名な「世界のライト」だったからであり、十分な報酬があったからという解釈もあろうが、そこには「女性の自由」という問題が絡んでいると思われる。

このころのライトは、施主夫人との駆け落ちが社会的批判を受け、仕事の依頼も激減して失意のドン底にあった。建築家は、医者や弁護士と同様、クライアントの家庭に深く立ち入るので、その夫人との個人的関係は厳に慎むべきものとされているのだ。

帝国ホテルの設計依頼は、そういったモラルにあまり敏感ではない日本だからこそであったかもしれない。さらに、もと子にとってそのスキャンダルは逆の意味をもったかもしれない。羽仁もと子は「元始、女性は太陽であった」と『青鞜』を創刊した平塚らいてう（雷鳥）に先んじるといってもいい、女性の自由（家庭を重視しつつも）を唱える婦人解放ジャーナリズムの旗手であったからだ。そしてライトが設計を引き受けたのも、その思想に共感したからであるようだ。

羽仁もと子は、明治六年青森県八戸市に生まれ、報知新聞を経て『家庭之友』を発刊、やがて『婦人之友』に改める。日本初の女性ジャーナリストであり、また家計簿の創始者でもあった。

一生にわたって、キリスト教（プロテスタント）を基幹としながら、女性解放運動とともに、自然と家族と生活をベースにした意志の自由による教育をつらぬいた。歴史家の羽仁五郎は娘婿、映画監督の羽仁進は孫、エッセイストの羽仁未央は曽孫に当たる。つまり明治から、大正、昭和を経て、平成にまで続く、脈々たる進歩主義の家系といっていい。

われわれの世代は、羽仁進と羽仁未央のあいだに位置するのであるが、一九七〇年前後の大学紛争において『都市の論理』という本が全共闘のバイブルといわれるほどの支持を得たので、その当時すでに高齢であった著者の羽仁五郎の方に親近感がある。

ドイツには「都市の空気は自由にする」という言葉があるが、西欧では自由と都市が親しい概念であるようだ。日本の論壇では、たとえば増田四郎の『都市』のように、都市と市民の力をヨーロッパの近代化に結びつける考え方が一つの流れを形成してきたが、近年、藤田弘夫のように都市を権力の空間とする考え方も出ている。

自由と束縛

「自由」は、近代思想の中核であった。

フランス革命の標語は、自由・平等・博愛（友愛）であり、アメリカは「自由の女神」を独立の象徴とし、ドイツの哲学者ヘーゲルも、世界史の根本精神を「自由への意志」としている。

人間は本来自由であるべきだ。

僕も何となくそう考えていた。

しかし何となく疑問も感じていた。

社会生活を営む以上、ある人の自由は他の人の自由を脅かす可能性がある。当たり前のことだ。そこに、法律とともに、その社会特有の道徳、倫理、美意識といったものが作用するのも当然だろう。

そしてそれ以上のことを意識させたのは、学生時代に読んだエーリッヒ・フロムの『自由からの逃走』であった。人間は自由を求めるばかりでなく、時にはむしろ束縛と帰属を求め、自由から逃げようとする動物でもある、という。一人の人間にとって自由になることは、同時に、責任と孤独を背負いこみ負担と不安を感じることでもあるのだ。

結局人間とは、自由と束縛のあいだで悶え苦しむ存在なのであろう。

また、かつて進歩主義の標語であった自由主義は、社会主義が広がってからはむしろ保守主義の標語となった。現代政治における保守、共和、自由、民主、社会、労働、共産などの標語の中で、自由はかなり保守寄りのイメージをもつ。アメリカでよくいわれる新自由主義（ネオリベラリズム）などはその最たるものだ。

さらに現在、グローバルな問題からも、人間活動の自由は制限されざるをえない。文明の進歩によって、人類全体がさまざまな束縛から解放されて自由になるという概念は、温室効果ガスによる異常気象の問題からも、情報洪水による人間性の喪失という点からも、大いに揺らいでいるのだ。

文明にも自由にも、ある種の限界があるようだ。

しかしもう一方で近年、中国やロシアやイスラム圏などの国家主義的政治体制に対抗する陣営においては、再び自由を、守るべきものとして復権させようとする動きもある。またビッグデータ、AI、監視カメラ、顔認証といった技術の進歩によって、過剰管理社会的なディストピアの不安が広がりつつある今、自由は再び、鈍い輝きを取り戻しつつあるともいえる。

もし羽仁もと子が今、学校を創設するとすれば、何とネーミングするだろうか。

かつて自由は燦然と輝いていた。

そしてモダニズム建築も輝いていた。

それにしても、フランク・ロイド・ライト晩年の「落水荘」（アメリカ、ペンシルバニア）という

落水荘

住宅は素晴らしい作品である。二〇一六年に、ル・コルビュジエの作品群が一挙に世界遺産となったが、ライトの作品群もそうなる可能性がある。帝国ホテルを失った今、日本はこの自由学園明日館を大切にするべきだろう。

最近はこういった歴史的に価値のある建築が結婚式場として再利用される傾向にあるが、それも方策というものだ。ありきたりの式場より味があるではないか。

建築には「時の歩み」が染み込んでいる。空間の味は時間の味でもある。

鳩山一郎邸——政治史に残る友愛と野人の巣

「音羽」という政治用語

「音羽」という言葉が、文筆家のあいだでは講談社を指し、政治家のあいだでは鳩山一郎邸を指す時期があった。

それだけ鳩山家が特別な意味をもったのだ。事実、この家は近代日本の政治史に寄り添うように続いてきた。現在の安倍首相は岸元首相の孫、麻生財務相は吉田元首相の孫だが、名前が違うので「家」としての連続感がないが、鳩山家は、和夫、一郎、威一郎、由紀夫、邦夫、二郎（邦夫の子）と、政治家が五代続いて、総理大臣が二人出ている。

戦後日本の政治状況は、ＧＨＱと吉田茂の強引なともいうべきリーダーシップからスタートした。当然、反対勢力が形成される。その吉田を倒そうとする政治家たちが担いだのが鳩山一郎であった。「大磯」が吉田茂の政治信条を伝える「吉田学校」を意味したとすれば、「音羽」は「反吉田派」の政治家が集うアジト（根拠地）を意味したのだ。そしてそれが現在の自民党が発足す

鳩山一郎邸（鳩山会館）

る拠点ともなっている。

どのような家であったか。

戦後に建てられた大磯の吉田邸は純和風の数寄屋建築であるが、戦前に建てられた音羽の鳩山邸は完全な洋風建築だ。先に取り上げた岩崎邸に似た豪邸で、音羽御殿とも、鳩山御殿とも呼ばれた。上り坂のアプローチがあるところや、主室の前がサンルームとなり芝生の庭につながるところも似ている。しかしこちらは、この時代には珍しい鉄筋コンクリート構造であった。

家を建てるに当たって、鳩山一郎は中学時代からの友人である岡田信一郎に設計を依頼した。東京日比谷の明治生命館の設計でよく知られる様式派の建築家で、吉田邸の設計者吉田五十八は東京美術学校（現東京芸大）における岡田の弟子に当たる。つまり対立関係にあった二人の政治家は、師弟関係にある芸大系の建築家に自邸の設計を依頼したが、その様式は洋風と和風、やはり対立関係にあったのだ。

竣工したのは一九二四年。その前年には関東大震災があり、翌年には普通選挙法が成立している。鳩山は政友会分裂によって政友本党に参加したが、やがて政友会に復帰して、幹事長、内閣書記官長、文部大臣となる。この建築とともに、昭和という激動の時代の幕が開け、政治家鳩山一郎の躍進が始まったのである。

しかしこの時代、建築界ではフランク・ロイド・ライトの設計による帝国ホテルが竣工（一九二三年）し、日本にもモダン建築が入りはじめている。その意味で（建築の専門家から見ると）、鳩山邸のような洋風建築はすでに、押し寄せるモダニズムの波に取り残される瀬戸際にあった。またこの時代は、住宅に新しい文明技術（電気や水道など）が導入される時代であり、鳩山家の設計においても、そういった技術は積極的に取り入れられた。そう考えればこの家は、古くなりつつある意匠と新しい技術の合体であったともいえる。

このことは、鳩山一郎という政治家が、古くなりつつある大正時代的なヨーロッパ風の理想を胸に抱きながら、近代技術と東アジアが勃興する昭和という時代の激動に対処せざるをえなかったことを象徴するように思えるのだ。

官僚派と党人派

一郎の父和夫は、弁護士を経て政治家となり衆議院議長に上った。母は共立女子大学を創設し（共同）、津田梅子などと同様、明治クリスチャン女子教育者の一人であった。

つまり鳩山家は、当時一流の知的で進歩的な家庭であり、一郎はそのお坊ちゃんである。彼の心をとらえたのは、リヒャルト・クーデンホーフ＝カレルギー*が掲げた「友愛」という理念であった。そして「フリーメイソン」*に所属してもいた。

こうした理想主義は、ウィリアム・モリスなど、ヨーロッパの貴族的な階級から始まるロマン主義的社会思想や、武者小路実篤の「新しき村」有島武郎の「共生農団」など、ブルジョワの子弟が理想郷を建設しようとする白樺派的な思想を受け継ぐ時代傾向であった。その意味でも、この御殿と呼ばれた家と、鳩山一郎という人物は、明治、大正という文明開化と進歩主義の時代から、昭和という揺り戻し的な激動の時代への、転換点に位置するように思われる。

平成の時代に総理となった鳩山由紀夫が「友愛」の政治を唱え、沖縄の普天間基地移設に関して「最低でも県外」と発言してうまくいかなかったことには、この鳩山家の理念の血筋が働いたようだ。理想主義の強さと弱さを同時に感じざるをえない。

戦時中、鳩山一郎は東條英機を批判して軽井沢に隠遁し、戦後は、GHQによって公職追放にあっている。一時的にではあるが、戦時中の大政翼賛的軍国主義にも、占領中のアメリカ流民主主義にも追われる身であったのだ。理想と反骨が同居している。

さて戦後、打倒吉田を旗印として、「音羽」に集まった面々は、鳩山の盟友で、ヤジ将軍、寝業師などの異名を取った三木武吉を中心に、大野伴睦、河野一郎（河野太郎の祖父）など野人的なツワモノどもであった。そこに岸信介が加わり、さらに右翼の児玉誉士夫なども登場する。彼ら

リヒャルト・クーデンホーフ＝カレルギー：ボヘミア、オーストリア系の貴族。現在のEUのもととなるパン・ヨーロッパ主義を唱える。父親はオーストリア＝ハンガリー帝国の中日大使、母親は日本人青山みつで、奇しくも吉田茂の側近白洲次郎の妻白洲正子の師ともいうべき青山二郎の縁戚。

フリーメイソン：石工の団体をもととする国際的な結社で、友愛、普遍、人道を旨とする。

は多く戦争責任を背負って、巣鴨プリズンに収監され、あるいは公職追放を受けた経験のある、いわば敗者復活派だ。音羽の家の洋風にも理想にもそぐわない、旧日本的な国士的な政治精神の復活である。強いていえば頭山満以来のアジア主義的な共通感覚だろうか。

また岸は、元官僚で、吉田学校の優等生佐藤栄作の兄でもあり、音羽に参じたのは時代の力学というべきか、政治とはそういうものなのだろう。つまり現在の孫たちとは異なり、吉田（麻生）に対して、鳩山、岸（安倍）が同じ側にあったのだ。

そして一九五四年、鳩山一郎は吉田茂に代わって総理大臣となり、五五年には保守合同によって自由民主党が誕生し、五六年には日ソ共同宣言にこぎつける。

戦後日本の社会思想には、アメリカ合衆国とともにソビエト連邦が大きな影響を与えている。当然ながら、他の多くの国々と同様に、この二つの超大国に沿う形で、右派と左派、保守と革新が陣営化された。

吉田は、サンフランシスコで日米平和条約に調印して独立を果たし、その吉田に代わって総理となった鳩山は、モスクワで日ソ共同宣言に調印して国交を回復する。もちろん吉田は保守本流の親米といえる。しかし鳩山はいわゆる親ソビエトの左派でも革新でもない。むしろ吉田以上に、戦前の日本的心情を引きずった党人派の政治家であった。

つまりこの時代は、単純な保守vs革新、あるいは右派vs左派というのではなく、ＧＨＱのもとで独立を果たした吉田と官僚派、反吉田を掲げる戦前からの党人派、そして共産党社会党など親ソビエトの左派と、三つの政治勢力が絡み合っていたと考えた方がいい。そしてそれが現在の、自民党における主流派、反主流派（この二つは逆転する）、および野党、という構図につながってもいる。

官僚派は法によって冷徹に動き、党人派は志によって情緒で動く。つまり志と情緒の野人たちが、理想主義のお坊ちゃんを担いで、法令と冷徹の官僚派に張り合おうという構図である。鳩山家は担がれるタイプの「家」なのだ。

政治的な力は機に臨んで交錯する。文化の力学において、中央の主流に対して左右両極が通底し、一体化するのはよくあることだ。

とはいえ鳩山会館の二階に展示されている吉田の書簡からは、この二人のあいだに何となくうじるものがあったことが匂わないわけでもない。政治的に対立した自民党の大物が、対米、対ソの交渉の際には隠密理に忠告し合うことがあるようだ。

音羽・大磯・目白——同じ釜の飯を食う

結果として、鳩山内閣もそのあとを継いだ石橋（湛山）内閣も短命であり、そのあとは吉田学校すなわち官僚派の時代が続き、日本社会は高度成長の波に乗って政治的安定と経済的繁栄に向かう。

そしてその住まいを政治活動の拠点とするような人物もいなくなっていたところに、まさに立志伝中の人物、田中角栄が登場した。鳩山邸の「音羽」、吉田邸の「大磯」と同様、田中邸の「目白」が政治用語となったことは周知のとおりである。背広姿に下駄をつっかけて庭に出て池の鯉に餌をやる光景が印象的で、その住まいも基本は和風だが応接間は洋風の折衷式であったようだ。というより洋風とか和風とか様式とかではなく、彼独特の合理主義と考えるべきだろう。政治家の私邸は、やはりそれなりに政治信条を表すものだ。

官邸でも公邸でもなく、私邸に人を集めるのは、ズバリ「大物」ということである。鳩山、吉田、田中の三人は、いずれも時の権力によって追放あるいは逮捕された経験がある。善悪は別として、それだけの魂と力があったということだ。

この三つの「家」によって、日本の政治史を語ることも可能で、戦前の「音羽」は大正時代的な理想主義を象徴し、「大磯」は復興時代の現実政治を象徴し、戦後の「音羽」は旧日本的な国士風政治精神の復活を象徴し、「目白」は高度成長期の経済と力の政治を象徴する。その根底にあるのは、思想や理論を超えた「家」的な結束力であろう。「同じ釜の飯を食う」というやつだ。

現在、「音羽」も「大磯」も家が保存されて、その主だった人物を偲ばせる記念館となっているが、「目白」は消えて公園となっている。それでいいような気もするし、寂しいような気もする。

そして最近は、自宅に人を集めるような大物がいない。

今の二世、三世議員は、追放されたり逮捕されたりはしないが、同時にその志と能力が薄弱になっているのではないか。音羽、大磯、目白の主と比べると、人間としてのスケールが物足りない。政治の世界だけでなく、企業の世界も、学者の世界も、日本中の人間が小さくなってきたのではないか。

鳩山一郎邸の棟まわりには、真っ白なハト（平和の象徴）とミミズク（叡智の象徴）が掲げられている。

やや専門的になるが僕の感覚では、この建築は洋風とはいえ、すでにモダニズムの範疇となるユーゲント・シュティール（ドイツ語圏におけるアール・ヌーヴォー）の匂いもするのだ。鳩山一郎はドイツ文化圏、それもボヘミア、オーストリアという周縁的普遍性をもつ文化と関わりが深い。そう考えれば、その理想主義は、ソビエトともアジア主義とも近いのかもしれない。

東京ミッドタウン六本木——大名屋敷が「街中街」をつくる

街中街の出現

六本木といえば、防衛庁、俳優座、アマンドが、交差点からの方向を指し示す定番であったが、今は様変わりした。繁華街の巨大な真空であった防衛庁の跡地は再開発されて「東京ミッドタウン六本木」となっている。

東京ミッドタウン六本木

駅に直結した地下道を行けば、大きな白い石に光が降り注ぐ地下と地上を結ぶ動線のかなめに出る。エスカレーターで上がった地上の広場にはガラス屋根がかかり、外部から内部へ、内部から外部へと抜けて奥の公園に出れば、安藤忠雄の設計になるミュージアムがあり、さらにその奥に毛利家を偲ばせる日本庭園がある。六本木ヒルズにも毛利庭園があるから、関ヶ原で徳川に睨まれ領地を大きく減らしたわりに、毛利は江戸に大きな屋敷をもっていたのだ。

これは、一つの街（タウン）である。

近くに位置する六本木ヒルズも、サッポロビール工場跡地にできた恵比寿ガーデンプレイスも同様で、地下道に加えて、エスカレーター、ムービングウォークといった歩行補助交通で駅から直接プラザへと導かれる。こういった「歩車分離」は近代都市計画の理想であった。本来なら税金でまかなうべき都市インフラが、民間資本によって実現している。また、恵比寿はサッポロビールの関係でドイツ風、ヒルズはスペインやイタリアの街並みを想起させ、ミッドタウンはイギリス風にシック。このような欧米スタイルのバリエーションがあるのも日本的だ。

東京には、ある日突然「都市の中のさらに囲まれた街」すなわち「街中街」といったものが出現する。

欧米ではこういったものをゲーテッドコミュニティ（門によって管理された小社会、特に住宅地）と呼ぶ。もともと都市そのものが城壁の中にあって安全に管理された地区であったのが、近代化とともに都市が拡大し自然の脅威が減少して城壁が撤去され、近年は逆に都市内の危険が増したために、その中の一定の地域を囲って安全を確保するという発想である。しかし日本では、銃をもったガードマンによって厳重管理されたゲートは存在しない。求められているのは「安全」ではなく、ある種の「雰囲気」なのだ。

こういった街中街の出現にどういう力学が働いているのか、時代を遡って考えてみたい。

東京の前身である江戸は、徳川家康が入るまで列島の中心から遠く離れた辺境であった。現実を重視する家康は、城よりも街（経済）をつくることを優先し、まず日比谷入江を埋め立てる。現在の大手町から新橋あたりまで、丸の内と呼ばれる地域はほとんどこの入江であり、日本橋から銀座あたりは前島と呼ばれる半島であった。つまり東京の中心商業地はすべてこのとき一挙に形成されたのである。

『江戸と江戸城』を書いた内藤昌によれば、江戸は江戸城を中心に「の」の字型に拡大した。大手門、和田倉門、半蔵門と進み、内側に家康とその親族が住み、周囲に御三家、そして譜代、外様と配置される。平川を東に通し、さらに中川の流路を移動して神田川とし、一部を江戸城の外堀とする。城と堀と武家の住宅地が一体になって拡大したのだ。

町人が住み着いたのはほとんどが埋め立て地で、山側は武家が占め、さらにその周辺を社寺が占めた。「町人が住む下町」と「武家が住む山手」という構造ができあがる。

内藤昌の分析によると、十八世紀初頭、江戸の人口は一三〇万に達した。都市部の土地の内訳を見ると、武家地が六〇％、そこに約六五万人が居住し、町人地は一六％、そこに約六〇万人が居住し、残りは主として寺社地であったという。

つまり町人はきわめて過密な状態だ。そこにいわゆる九尺二間（幅九尺、奥行二間、畳の部分は四畳半）の長屋が誕生する。江戸っ子は「宵越しの銭はもたない」といったが、実際には「もてない」のであった。火災が多く家財の観念が育たない。それが「浮世」というものであり、荻生徂徠はこれを「旅宿」と呼んだ。こういった「仮のやど」的な性格が、現在の東京にもつながっている。世界の大都市と比べて、住宅の狭さは東京の特徴である。

「火事と喧嘩は江戸の花」というのも一種のアイロニーだ。俗に「振り袖火事」と呼ばれた明暦の大火では江戸の大半が焼け、死者は六万八〇〇〇に達している。また東京になっても、関東大震災（死者一〇万五〇〇〇）、東京大空襲（死者八万九〇〇〇）と、原因はともかく、木造密集都市ゆえの大災害が続いたのだ。最近の東京人は、江戸・東京が「火事の街」でもあったことを忘れている。防火を目的とした近代建築技術の勝利であるが、その引き換えに、懐かしい木造の街並みを失った。

さて改めて江戸の古地図を眺めてみると、その武家地の中に特別大きな区画があるのが目につく。大名の屋敷（藩邸）である。

大名とその家族を交代で江戸に住まわせる参勤交代という制度によって、各大名が江戸にそれなりの公的機能をもつ屋敷を構える必要があったからだ。しかも上屋敷、中屋敷、下屋敷などがあり、江戸そのものが地方都市の集約的モザイクであった。この藩邸の土地が、明治維新後には、官庁、陸海軍、宮家、学校（大学）などの土地となり、戦後には軍の土地は主として進駐軍に接収されその後返還されて公共施設となり、宮家の土地はホテルなどに売られ（東京にいくつかあるプリンスホテルは宮家の土地の上に建つものが多い）、さらに現在の再開発につながっていく。つまり今の東京では、江戸期の過密な町人地の逆転としての広大な大名屋敷の上に「街中街」という高層高密の街がつくられているのだ。

もちろんその土地には、全国各地それぞれの文化が息づいていた。藩邸という「江戸の中の地方」がつくる「街中街」に何らかの文化的継承があることを期待するのは、欲というものだろうか。

二・二六事件の主役・武の街

東京ミッドタウン六本木の土地のルーツを追ってみよう。

江戸時代の毛利藩下屋敷が、維新後に歩兵第一連隊となった。二・二六事件のときは、この連隊が主役となり、近くにある「龍土軒」というレストランが青年将校たちの密謀の場であった。その御主人の話によれば、乱を起こした将校たちは、妹が身売りされた部下の話に涙するような、誠実で礼儀正しい人物だったという。

敗戦後、連隊の土地は接収されて米軍の住宅となり、返還されて防衛庁となった。そして防衛庁が市ヶ谷に移り、資本の論理による再開発によってオフィス、ホテル、ショッピングの複合施設となった。つまり時の権力、それも大名、歩兵第一連隊、米軍、防衛庁という「武」の権力の推移に連れて、所有者と空間機能が移っている。そう考えれば、江戸・東京はやはり「武の街」であったのだ。

それにしても毛利藩（長州・山口県）は、戦国大名の雄であり、関ヶ原では西軍の総大将であり、幕末には尊皇攘夷の中心であり、明治維新の立役者であり、戦前も戦後も総理大臣を輩出して、近代日本政治史の主役でありつづけた。戦国時代以来の毛利家の地政的な力学が続いているように感じられる。そして今の東京では、街中街の主役でもある。

世界的に見て、東京の街並みが歴史的であるとはいいにくい。星霜を経た建築がそのまま残るパリ、ロンドン、ローマ、フィレンツェなどにはとてもかなわない。しかし土地のルーツを探れば、江戸時代の形態が続いているのだ。関東大震災や東京大空襲で街が焼けても、都市計画で道路が広がっても、土地の区画と構造はさほど変わらなかった。そのルーツを、それぞれの土地に何らかの形で表現することはできないだろうか。現在の建築基準法にはそういった文化的な視点が欠けている。都市文化保存法のようなものはできないか。

都市はその空間に深い「記憶」を維持してこそ文化都市となる。

たとえ雪の日のクーデターの記憶であっても。

朝香宮邸（東京都庭園美術館）――宮家のアール・デコはモダンの桂離宮

装飾博覧会は無装飾に向かう

白金台の深い森に隠れるように、旧朝香宮邸が残され、美術館として公開されている。

これは有名建築家の作品ではなく、施主である朝香宮の個人的な趣味が反映され、なおかつ名建築だ。さらに重要なことは、これが日本の伝統の格式ある書院造の系譜でもなく、ヨーロッパのバロック風宮殿の系譜でもなく、モダンな建築だということである。なぜならモダニズムとは、過去の様式、特に寺院と宮殿の様式を否定するところから出発したのであって、宮家には受け入れにくいところがあるからだ。

時代というものだろう。

朝香宮邸（東京都庭園美術館）

ちょうど、世界デザイン史の転換点、日本文化史の転換点につくられた。

朝香宮鳩彦王は軍人であった。

陸軍士官学校から陸軍大学校へ進み、一九二二年、軍事研究を目的としてヨーロッパに渡ったが、交通事故で脚に重傷を負い、その治療のためパリに長期滞在することとなる。そのことが逆に、彼の注意を軍事から文化に向かわせた。

当時のパリは、フランスという国家を超えて、ヨーロッパのあるいは世界の文化首都といっていい状況であった。一般に十九世紀末から二十世紀初頭のパリを「ベルエポック（良き時代）」と呼ぶが、そのころにパリを訪れた永井荷風は憧憬と賞賛を隠さない。

「あゝ巴里よ～中略～有名なコンコルドの広場から並木の大通シャンゼリゼー、凱旋門、ブーロンユの森は云ふに及ばず、リボリ街の賑ひ、イタリヤ広小路の雑沓から、さてはセインの河岸通り、又は名も知れぬ細い路地の様に至るまで、～中略～此れまで読んだ仏蘭西写実派の小説と、パルナッス派の詩篇とが、如何に忠実に如何に精細に此の大都の生活を写して居るか」（『ふらんす物語』）

そのあと、一九二〇年代を「レ・ザネ・フォル」（狂乱の時代）と呼ぶが、これはアメリカの「ローリング・トゥエンティズ」（狂騒の二〇年代）に呼応したネーミングだろう。つまり朝香宮は、その「世界のパリ」の、最後の輝きを眼にしたことになる。

折から一九二五年「現代産業装飾芸術国際博覧会」という長い名前の、いわゆる「アール・デコ博」が開催される。朝香宮はこれを見学して強い衝撃を受けたようだ。そして関東大震災で傷んだ高輪の屋敷に代わって、白金の地にこの博覧会の装飾的エッセンスを集めた住宅を計画する。

しかし皮肉なことに、この博覧会でもっとも話題になったのは、建築界の新星ル・コルビュジエが設計した「エスプリ・ヌーヴォー（新精神）館」であった。その「新精神」とは「無装飾」を意味する。すでにアヴァンギャルド（前衛）を自認する建築家やデザイナーたちは、あらゆる装飾を否定し機能に即してつくる「機能主義モダニズム」に向かっていた。

つまりこの博覧会は、「装飾博覧会」と銘打ちながら、建築が装飾を捨てて機能へと向かう、人類の造形文化の転換点にあったのだ。

パリとアメリカの二〇年代

一般に「アール・デコ」という言葉は、この博覧会前後のデザイン傾向を指し「二五年様式」とも呼ばれる。装飾と機能のあいだの微妙なデザインに味があり、それはパリとアメリカとの関係を抜きにしては語れない。

全ヨーロッパが疲弊した第一次世界大戦後、アメリカは空前の経済発展期を迎え、ローリング・トゥエンティズ、あるいはジャズ・エイジともゴールデン・エイジとも呼ばれた。チャップリンが映画『モダンタイムス』で描いたようなベルトコンベアから生み出されるT型フォードが世界の都市を走り、禁酒法が施行されたシカゴではアル・カポネが暗躍し、大量消費時代の幕が開け、旅行ブームとなり、映画の時代の幕も開けた。

このアメリカに誕生した金満家がパリで遊んで落としたマネーが「レ・ザネ・フォル」を生み、アール・デコを生んだのでもある。アーネスト・ヘミングウェイやスコット・フィッツジェラルドといったアメリカの文豪がパリに住んで、やがて「ロスト・ジェネレーション」と呼ばれるのも、チャールズ・リンドバーグがニューヨークからパリまで単独飛行したのもこのころである。

当然のことながら、アール・デコはアメリカにも広がってニューヨークの高層ビルを飾り、日本にも広がって銀座の街をモガモボが闊歩する。モダンガールとは洋装・断髪の女性を意味し、モダンボーイとは西洋風に洒落込んだ男性を意味した。デコは、女性が活動的になる時代のデザインでもあったのだ。

白金の朝香宮邸は、一九二九年から工事がはじまり一九三三年に竣工している。

ベルエポックはアール・ヌーヴォーと、レ・ザネ・フォルは、アール・デコと対応している。どちらも過去の様式を離れて近代的なデザインに向かう動きであるが、次のような違いがある。

ヌーヴォーは、植物模様と流れるような曲線をモチーフとした造形で、新しい芸術への志向からデザインという概念が誕生した。キーワードは「自由と都市」であろうか。

デコは、すでに工業化が進展した時代、すべてが幾何学的にデザインされる。正円と並行直線と放射の形には自動車と映画が背景にあるように思う。キーワードは「機械と量産」であろうか。そのあいだに第一次世界大戦がある。この戦争は、機械が人を殺す戦争であった。人々は、いい意味でも悪い意味でも、機械の力、文明の力を認識せざるをえなかったのだ。勝った方のフランスとアメリカには、アール・デコという文明の楽観的な側面が表出した。負けた方のドイツには、無機的な工業デザインに向かうバウハウスが登場し、さらにドイツ表現主義には文明の悲観的な側面としての不安が表出し、思想的に近代科学合理主義を批判するフランクフルト学派（前出のエーリッヒ・フロムなども含まれる）と対応している。

「様式（スタイル）」というものは、単なるパターンの分類としてではなく、時代と社会と文化の力学を背景にした連続的な変化（ダイナミズム）としてとらえるべきである。

モダンの桂離宮

白金の屋敷を建てるに当たって朝香宮は、アール・デコ博で主要な役割を果たしたアンリ・ラパンに総合的な装飾設計を依頼し、ルネ・ラリックに照明ほかガラス装飾の制作を依頼する。パリの本物を日本にもち込もうとしたのだ。

そして日本では、宮内省内匠寮の権藤要吉が建築設計を担当する。権藤は、前述の漱石の義弟、鈴木禎次の弟子で、宮殿建築研究のためヨーロッパ各国をまわり、パリではアール・デコ博のデザインを研究し、ロンドンで朝香宮と会っている。宮邸の建築の外観はシンプルで、ほどよい（急進的ではない）モダニズムでまとめられ、フランスで制作して日本に送られた装飾と日本で制作した部材とのすり合わせもうまくいった。

こうしてフランスの造形デザインの先端と、日本の工芸技術の伝統が融合した、建築美術の結晶が誕生する。ここで、その装飾の一つひとつの見事さについて述べれば切りがないので省略する。重要なことは、こういった建築は、装飾の華美が鼻につく場合が多いが、そうなっていないことだ。むしろえもいえぬ気品が漂っている。

東洋の一隅に、世界にも稀なアール・デコの華が咲いた。

今回改めて見てまわって、ふと思ったのは、桂離宮との不思議な共通点である。

時代が違うので一見突飛な印象だが、桂離宮も、八条宮という宮家の別荘であり、建築専門家の作品というより、細川幽斎の薫陶を受けた（と思われる）八条宮智仁親王が直接指導し、建築と工芸と作庭の技術者が応えたものだ。そこには『源氏物語』に見る自然の絢爛と、千利休が大成した草庵茶室のシンプルな美意識が融合している。これが朝香宮邸におけるヨーロッパの貴族的な装飾の伝統とシンプルなモダニズムの融合につうじるところがある。考えてみれば桂離宮も、少し前に南蛮という西欧と遭遇しているのだ。そして一九三三年、ドイツから来たブルーノ・タウトが、伊勢神宮と桂離宮をモダニズムとして絶賛し（『日本文化私観』）、建築家のみならず日本の知識人に大きな影響を与えたことはよく知られている。

赤坂離宮（現迎賓館）も宮内省の設計だが、これは西洋の真似と思われても仕方ない。近年京都につくられた新しい迎賓館も、日本の伝統を現代化したもので独創性が弱い。

そういった意味で、桂離宮と朝香宮邸は、不思議な共通点をもつ日本建築史の傑作である。今はすでに二〇二〇年代であるが、朝香宮邸は古びていない。一〇〇年前の「あの二〇年代の輝き」が蘇るような気がする。


敗戦によって日本の宮家の地位は凋落した。

朝香宮邸はしばらくのあいだ、首相と外相を兼務した吉田茂によって、外務大臣公邸として使われた。ヨーロッパ文化に親しんだ吉田は、その価値を十分に知って外交に利用したであろう。その意味で、この家は戦後日本の地位向上に資したといえるかもしれない。その後吉田は終の住処として、大磯に純和風の家を、その分野の名人吉田五十八に依頼することになる。

その後、朝香宮邸は、プリンスホテルのチェーンを有する西武鉄道に買収されたのち、東京都に売却されて今日に至っている。数奇な運命を辿ったというべきだが、今日、美術館として見学できるのはありがたいことだ。

それにしても天皇家（宮家も含め）の文化力は、モダニズム建築にも発揮されているのだ。文化的に見れば、日本の天皇とは、案外モダンな存在なのかもしれない。

東京帝室博物館（東京国立博物館）——天皇の家には宝物がない

帝冠様式とは何か

上野公園の中心は、日本の庭園には珍しく大きな広場で、中央に噴水をもつ池があり、その奥の正面に、東京国立博物館（旧東京帝室博物館）がゆったりと構えている。

壮大なシンメトリーは、何かしら奥深い威厳を感じさせないではいないが、そこに至るまで距離があるので、動物園や音楽会場や美術館周辺の人混みもまばらになりがちだ。つまりこの博物館は、大勢の人が訪れるようにではなく、大勢の人が遠くから眺めるように立地設計されているのかもしれない。

現在の建物は、東京帝室博物館と呼ばれていた時代、一九三一年のコンペ（設計競技）によって選ばれた渡辺仁（前出）の設計になるものだ。

東京帝室博物館（東京国立博物館）

水平に長い鉄筋コンクリートの二階建てに、壮麗な傾斜瓦屋根が被せられ、これは建築界で「帝冠様式」(前出)と呼ばれる。軍国主義、国粋主義の機運が高まった一九三〇年代には、このような、近代的な技術による建築に日本風の大屋根を載せたものが多く建てられた。

このコンペの応募要項には「日本趣味を基調とした東洋式」とあり、前川國男が陸屋根モダニズムの案を提出したのは、落選覚悟で建築家としての魂を通したのであった。

設計者の渡辺は、ある建築関係者の座談会で「ジャワあたりの民族建築」から屋根のアイディアを得たと語っている。たしかに、両妻が反り上がり、大きい屋根の破風の下から小さい屋根が突き出るのは東南アジアの建築によく見る手法だ。「アジアの盟主」たらんとするこの時代の日本には合っていたのか。正面入り口が唐破風《からはふ》ではなく千鳥破風《ちどりはふ》となっているのは、日中戦争に突入した当時の、非中国的な日本趣味ということか。

ところが内部の、正面階段から両側に回り上がるエントランスホール、部屋の中央を突っ切って周遊する形の動線は、ヨーロッパの宮殿の構成を踏襲している。つまりこれは「日本趣味、東洋式、西欧列強の帝国主義」が折衷して建築化されたものと考えていい。

当然のことながら戦後、この「帝冠様式」は批判の対象となった。

しかし、建築は時代の思潮を表現するものだ。僕はあまり好きではないが(思想的なものというより設計者としての感覚)、見方によっては、西洋風からモダニズムへと転換した日本建築史の中で、この帝冠様式が独自の様式として、現在の街並みに異彩を放っているともいえるのだ。

今は「トーハク」と略されるこの博物館の呼称は転変を重ねた。明治維新以来、「博物館」「帝国博物館」と変化し、長く「東京帝室博物館」と呼ばれ、戦後「東京国立博物館」に至っている。ここでは歴史的に呼びならわされた「東京帝室博物館」に固執したい。帝室とは「天皇の家」である。

最初の東京帝室博物館は一八八一年、これまでにも何回か取り上げたイギリス人建築家ジョサイア・コンドルによって設計された。コンドルらしいインドイスラム風の要素をもつ赤煉瓦の建築である。日本人の目にはもちろん洋風建築であるが、ヨーロッパ人の目には東洋風の趣があり、英国世紀末のロマン主義につながる系譜にある。

やがて一九〇八年、本館の横手に（大正天皇の成婚を記念し）宮内省の建築家片山東熊の設計による、まったくの洋風建築（現表慶館）が建てられる。そして一九三一年のコンペで選ばれた渡辺仁設計による現在の建築が一九三七年に竣工している。戦後、東京国立博物館と呼称が変わり、一九六八年、表慶館の反対側の横手に、谷口吉郎設計による寝殿造の趣をもつモダニズム建築の東洋館が建てられ、一九九九年、表慶館の奥に谷口吉生（吉郎の息子）の設計による現代モダニズムというべき法隆寺宝物館が建てられた。

この建築群の様式の変遷も、まさに明治から現代に至るまでの、わが国の思想と文化の変遷を物語っているのだ。

日本文化にふさわしくないもの

表慶館を設計しているとき、片山東熊は一方で、大正天皇の御所（住居）となる「赤坂離宮」を設計していた。もちろんこちらが本筋、渾身の仕事であり、大日本帝国の威信をかけて西洋列強の宮殿に負けない絢爛たるバロック様式の宮殿をつくるべく、装飾も調度品も一流の人材が登用されて、一九〇九年に完成した。しかし明治天皇はこれを「豪華すぎる」と一喝したのだ。結局、御所としては使われることなく、今は迎賓館となっている。ショックを受けた片山は、それ以来病気がちであったという。

天皇家と宮内省のくいちがいを示す興味深いエピソードなので、本論からはやや外れるものの、ここで記しておきたかった。こういうものは、日本文化にも皇室にも似合わないのではないか。また当のヨーロッパでは、すでにモダニズムの時代に突入していたので、その意味で赤坂離宮も表慶館も、時代遅れの感は免れない。時代に乗った辰野と、時代に裏切られた片山とは、同じコンドルの第一期生で、紙一重であった。

さて、博物館内部の展示を見てまわった印象はどうだろうか。

さすがに貴重な質の高いものが多く展示され、一周すれば日本文化の歴史的概要を理解することができる。しかし海外の大国の博物館に比べて、圧倒されるような感覚はない。外国人観光客の表情にも、大日本帝国の栄光が蘇ることへの期待が外れたことからくる疲労の色が読み取れる。

ロンドンの大英博物館、パリのルーブル美術館、ニューヨークのメトロポリタン美術館などを訪れると、古代のエジプト、メソポタミア、ギリシャ、ローマ、中世イスラム世界などから蒐集した膨大なコレクションに圧倒される思いがする。ロゼッタストーン、ハムラビ法典、エジプトのスフィンクスやミイラの棺、アッシリアのライオン狩りのレリーフ、ミロのヴィーナス、サモトラケのニケ、などなど。しかし考えてみれば、それらはすべて、帝国主義時代の植民地から略奪するようにして集めてきたものだ。この三つを「三大泥棒博物館」と呼ぶ人もいる。

大英博物館

またかつては蹂躙された、古代中世文明の現地、カイロ、アテネ、イスタンブール、北京（故宮）、西安、上海、台北（故宮）などの博物館も、今では充実して相当の宝物を陳列している。またそういった歴史的帝国以外の地にある博物館も、それぞれの風土的民族的特徴をもつ美術品を展示して独自の味がある。

こういった世界の博物館に比較して、東京帝室博物館＝東京国立博物館の常設展示物は、日本文化に興味をもつ人以外には、もうひとつ迫力がないのだ。観光客を受け入れているヨーロッパの王宮は、壮麗なインテリアに加えて金銀の調度品や宝石をちりばめた王冠などを展示しているが、そういったものも見られない。

他国の王家を圧倒する長い歴史をもつ天皇家と、一時は大東亜の盟主として君臨した帝国であるにもかかわらず、その栄耀栄華を忍ばせる宝物はまったくといっていいほど存在しない。見すぼらしいであろうか。

いや決して見すぼらしくはない。

こういった宝物のなさこそ、日本の誇るべき「帝室＝天皇の家」の文化的特質である。日本文化と天皇家の本質は、宝物にあるのでなく、むしろそれがないことにある。宝物をもたない精神にある。日本史における天皇の立場は、他国の歴史における皇帝たちとは異なる性格のものであり、実は日本の帝国主義も、善悪は別として、欧米列強のそれとは異なる性格のものであったのではないか。

本当に「帝室の美」を発見しようとするなら、むしろ桂離宮や伊勢神宮に足を運ぶべきであり、日本人の心をとらえた「もの」を見ようとするなら、奈良や京都の仏閣に足を運ぶべきだ。古い庭園に見られる「自然美の情緒」と、仏像に込められた「ものづくりの魂」こそ、日本文化の真髄である。

日本文化と天皇の家にとって、博物館というものはあまりふさわしくないのかもしれない。ましてやヨーロッパ的な帝国主義はふさわしくなかったのだろう。

日本の皇室をヨーロッパの王室と同列に論じることはできない。

「天皇」は、英語では「キング」ではなく「エンペラー」と訳されるのだが、これはもともと古代ローマの「インペラトル」から来ており、政治の実権を握った軍事指揮官の意味である。「天皇」という言葉にはそれ以上の神聖感がある。中国では歴代皇帝を「天子（天帝を祀る人）」とするが、やはり「天皇」にはそれ以上の印象がある。（拙著『ローマと長安――古代世界帝国の都』）

現実の歴史においても天皇は、政治権力者であった期間はきわめて短く、むしろ権力者に担がれる存在であった。とはいえカトリックのローマ法王やイスラム教のカリフのような、完全な宗教者ともいえない。そこに、権力者でもなく宗教者でもない、文化主催者としての姿が浮かび上がる。

日本文化の特殊性と天皇という象徴の特殊性は、不即不離の関係にあると思える。万世一系という歴史との並行性、国民の家族的一体感の中心、被災者は心から慰められ、海外からも一目置かれる。こういう存在は他国にはない、貴重なものだ。

しかしグローバル化する時代に、この「世界にも稀な文化」を維持し、理解され、共感を得るには、「世界にも稀な努力」が求められるのではないか。一般参賀や即位パレードに振られる日の丸の小旗には辛い記憶が蘇る人もいる。それだけの覚悟をもって振るべきだろう。

建築へ向かう旅

突然のような激しい紛争の嵐、バリケード封鎖の中の大学卒業となった。

卒業設計は不要、という前代未聞の処置である。最優秀賞を取ろうと同級生に先んじて下描きを進めていた僕の、部活とバイトに専念した学生時代には珍しいほどの努力がフイになった。

そのまま大学院に進んだのだが、教官が大学に入れず長期にわたって休講。設計と研究とどちらの道に進むべきかで大いに迷い、迷いながらやたらに哲学や評論の本を読んだ。

そんな閉塞感を打ち破ろうとしたのだろう。無計画で無鉄砲な旅に出た。紛争のあとの虚脱感もあり、すでに生母も兄も父も継母も亡くなり、姉たちは嫁に行って、天涯孤独の身でもあった。よく死ぬ家族なのだ。

目蒲線（現目黒線）のつり革につかまって揺られているときに突然決意した。衝動というものだ。

四ヶ月にわたり、ヨーロッパ各地をヒッチハイクでまわった。

アウトバーンの発達しているドイツを中心に、スイス、オーストリア、デンマーク、スウェーデン、フィンランド、オランダ、ベルギー、フランス、最後の一ヶ月はイギリスのブライトンという街で英語の勉強をした。主としてユースホステルを利用したが、ドライバーの家に泊めてもらったこともあり、駅舎で夜を明かしたこともある。ヒッチの途中でパトカーに捕まったり、繁華街でヤクザに追いかけられたり、ホモに狙われたりしたこともある。皿洗いこそしなかったが、短期間、路上で針金細工の首飾りやブローチなどを売る手伝いをした。もちろん無許可の違法行為であるから警官の姿を見たら、道路に広げていたシートをパッと包んで逃げ出すのだ。捕まって強制送還されてもつまらないのでこれはやめてしまった。

金もなく、予定もない、放浪の旅であった。ろくな食事を取らなかったので、体重は落ち、ベルトがゆるくなってくる。

「なんでこんなことをしているのか」と思いながら、腹を空かせた犬のように、路地裏をウロウロとさまよい、ヨーロッパの街がもつ、ともすれば押しつぶされそうな、石の重みを感じていた。石の重みは時間の重みでもあった。建築の重みであるとともに歴史の重みでもあった。傷つき汚れた壁が耐え抜いた風雪の時間。角が擦れて丸くなった石畳の上を通り過ぎた人の数。そして考えた。ここでは、その都市と建築が石や煉瓦を積み上げてつくられるように、その文化もまた過去から現在へと積み上げられているのではないか。

われわれが中学で学ぶ、ユークリッドやピタゴラスやアルキメデスといった科学者は古代ギリシャの人であり、コペルニクスやガリレイやニュートンの発見は彼らの思考の上に乗っている。デカルトやカントやヘーゲルの哲学も、ソクラテスやプラトンやアリストテレスの思考の上に乗っている。考えてみれば、マルクス主義者の好きな弁証法というものも、積み上げの論理ではないか。

ヨーロッパでは、都市や建築が積み上げられているように、その文化も積み上げられているのだ。それに対して日本文化は、その建築が木造の組み立て式であるように、組み立て組み替えを繰り返しているのではないか。

過去には中国から来たものを日本流に組み立て組み替え、近年には欧米から来たものを日本流に組み立て組み替えてきた。西洋の思想が長期的、論理的、構築的であるのに対して、日本の思想は短期的、情緒的、雑居的である。ヨーロッパの文化は「積み上げる文化」であり、日本の文化は「組み立てる文化」である。

日本に帰って、設計事務所に勤めながら、この体験と思考を『建築へ向かう旅』という著書として出版した。「積み上げる文化・組み立てる文化」というサブタイトルをつける。つまり青春の放浪記であると同時に、建築論でもあり、文化論でもあった。

この本は、きわめて好評で、ほとんどの名のある新聞と雑誌に書評が掲載された。「天声人語」「編集手帳」「余録」という三大新聞のコラムがそろって取り上げたのは珍しいことだと思われる。

またちょうどそのころ、雑誌『建築文化』（彰国社）において「風土と建築」というテーマの懸賞論文があり、最優秀賞（下出賞）をいただいた。

そういった幸運が続いて、僕はものを書く人間になった。

隔ての文化と覆いの文化

積み上げる建築は「壁」が基本であり、組み立てる建築は「屋根」が基本である。

壁とは、石や煉瓦で空間を隔て人を隔てるものだ。個人の空間を隔てたものが個室であり、家族の空間を隔てたものがサロン（リビング）であり、市民の空間を隔てたものが広場であり、信仰の空間を隔てたものが教会である。ヨーロッパの「都市」は、隔てられた空間の集合なのだ。

屋根とは、木を組み立て人をまとめて覆いをかけるものだ。そこに「家」ができる。障子や襖という紙で仕切られた家の中にはプライバシーが存在しない。そこで個を立てるには、家を出る、すなわち出家する必要がある。

実際ヨーロッパの都市は、建築が隣の建築と密着して一つひとつの家という感覚ではない。イスラム圏はもっとそうで、インドも中国もその傾向がある。同じ建築の内部でも部屋と部屋は煉瓦の壁でしっかりと仕切られているから、そこに完全な個人の空間が成立する。

日本では東京のような大都市でさえ、家のまわりに隙間を空けて、塀で囲って庭をつくろうとする。家の集合は村であり、都市もまた大きな村に過ぎないのだ。個人の論理も、都市の論理も、自治の論理も希薄である。

社会構成の上にも、この「個人の論理」と「家の論理」が反映されている。ヨーロッパの社会は「個人」の集合であるが、日本社会は「家」の集合であり、個人はどの家に所属しているかで認識される。封建時代の「藩」も、近代の「国家」も、現代の「企業」や「省庁」も、その「家」の一形態ではないか。

こういった建築様式の違いの基本は風土である。その後も僕は、風土と建築と文化の関係を、延々と考えつづけた。

振り返ってみれば、なぜそんなことをしたのだろうと不思議なぐらいだが、結局、無計画で無鉄砲な「建築へ向かう旅」は、そのまま「人生へ向かう旅」となった。しかし今の学生には、建築を見る旅に出ることは強く勧めるが、海外でのヒッチハイクは危険なので絶対に勧めない。

建築家は、空間を計画し設計するのが仕事である。しかし人生は、計画も設計も超えて予想もしない方向に転がっていく。

本章に関わる筆者の著書と参照図書

『ローマと長安——古代世界帝国の都』若山滋・講談社現代新書、一九九〇年
『建築へ向かう旅——積み上げる文化・組み立てる文化』若山滋・冬樹社、一九八一年
『組み立てる文化の国』若山滋・文藝春秋、一九八四年
『現代政治の思想と行動』丸山眞男・未來社、一九六四年
『都市の論理——歴史的条件・現代の闘争』羽仁五郎・勁草書房、一九六八年
『都市』増田四郎・ちくま学芸文庫、一九九四年
『江戸と江戸城』内藤昌・鹿島出版会SD選書、一九六六年・講談社学術文庫、二〇一三年
『ふらんす物語』永井荷風・博文館、一九〇九年

III

権力の変容

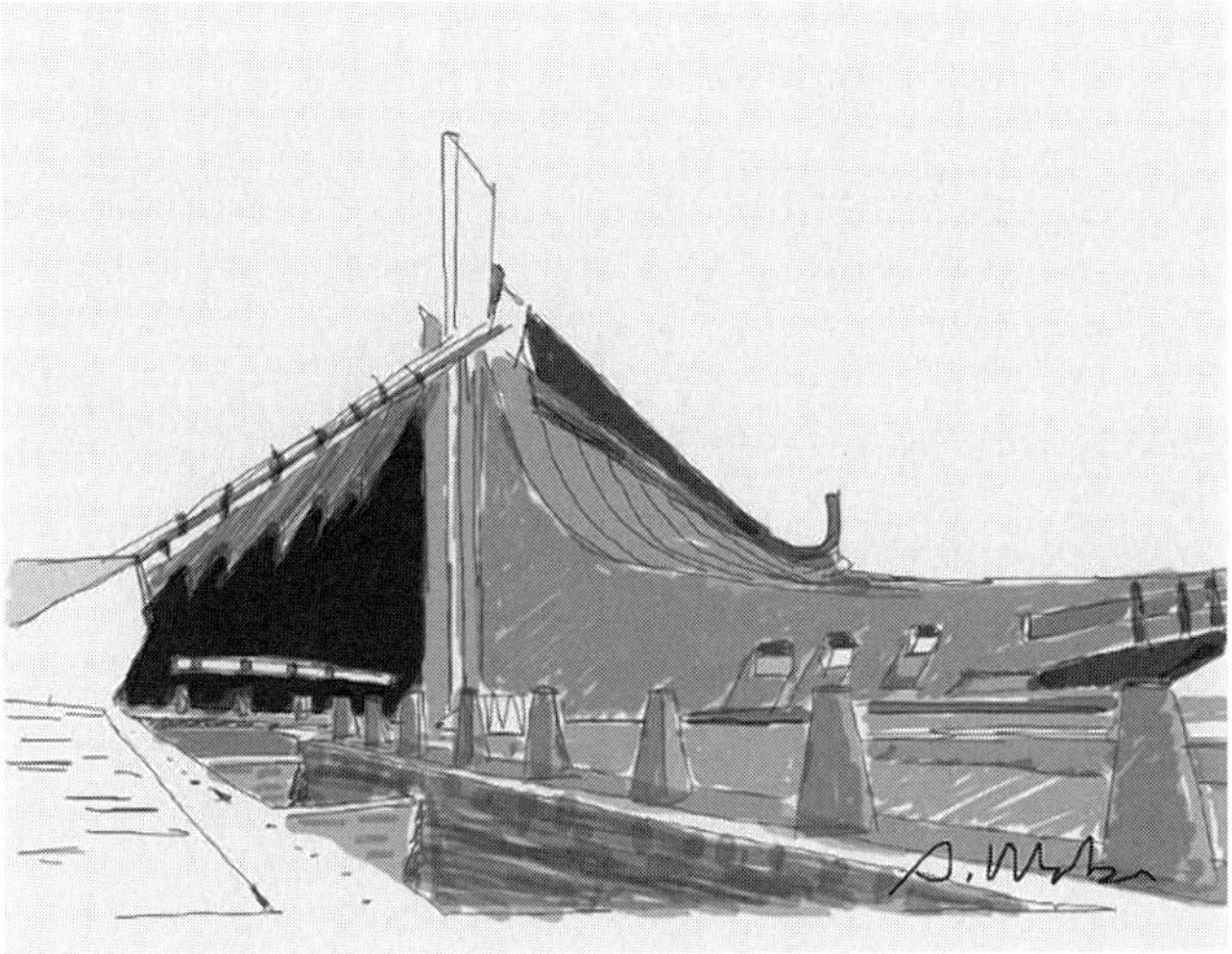

国立代々木競技場

国立代々木競技場——国家の建築家・丹下健三

オリンピック

よく晴れ上がったある秋の日、一人の高校生が品川区にある学校の授業をサボって抜け出し、何気なく空を見上げたとき、いくつかの飛行機が旋回するのが目に入った。

小編隊が飛び去ったあと、その航跡には、鮮やかな色彩を保つ五輪のマークが浮かび上がった。一九六四年、東京オリンピックの開幕である。

「聖人」のような風貌のアベベがマラソンで初めての五輪連覇を成し遂げ、「鬼」と呼ばれた監督率いる「魔女」のバレーボールチームが回転レシーブを駆使して宿敵ロシアを破り、丹下健三が設計した代々木の屋内競技場のダイナミックな建築が話題となった。

次の年、高校生は大学に進み、建築家になることを決意した。

国立代々木競技場は、隣接する代々木公園、ＮＨＫと合わせて、戦前は帝国陸軍の練兵場であり、戦後はアメリカ空軍家族の住宅地ワシントンハイツとなり、オリンピックを前に返還された土地に位置している。大小二つの体育館の組み合わせで、どちらも独特の「吊り（張力・テンション）構造」だ。

体育館や展示場など、内部に柱を建てたくない建築に使われる手法だが、並みの設計ではない。大体育館は二本、小体育館は一本の、巨大なコンクリートの柱から、太いワイヤーによって屋根全体が吊られている。重力によって屋根の形が微妙なカーブを描き、しかも建築の平面形にひねりが加えられているから、一つとして同じ部分のない、きわめてダイナミックな造形となっているのだ。

この建築に、世界のアスリートが感嘆の声を上げた。丹下健三は国際オリンピック委員会（IOC）から特別功労者として表彰され、日本を代表する建築家としての地位を確立した。当時の日本では、まだ「建築家」という言葉が「大工さんとどう違うのか」と問われるほど馴染みが薄かったが、この建築を見て、建築家を志した若者は多かったと思われる。最近では、隈研吾がそう発言している。

国家の建築家

丹下健三が一躍浮かび上がったのは、戦後、広島平和記念公園のコンペを勝ち取ってからである。

それは平和大通りと直行する南北の軸線上に、慰霊碑と、今では「原爆ドーム」と呼ばれる奨励館を配し、その正面に平和記念資料館を水平に展開する、都市と建築が一体となった象徴性の強い計画であった。

実はこの計画は、戦時中（一九四二年）に彼が勝ち取った大東亜記念造営の案と類似したもので、軍国主義的な建築から一転して平和日本の象徴を同様の手法で射止めたことに対する批判が強かった。戦後の論理で戦時中の行為を批判するのはどうだろうかとも思うが、当時の建築論壇は左翼的な色彩が濃かったのだ。賛否はさておき、注目したい事実は、この国において、戦時中のファシズムと、戦後の平和への希求が、同じような象徴空間を求めたということである。人間の集団とはそういうものなのだ。象徴する内容より、象徴する力が重視される。

この広島と代々木の他に、成城の自邸、香川県庁舎、東京カテドラル（聖マリア大聖堂）などが、この建築家の代表作であり、かつ名作である。このころの丹下は、文句なしに偉大な建築家であり日本の誇りであった。

ところが権力と名声を獲得してからは、大げさなメガストラクチャーばかりが目立って、空間の質が低下していた。オイルショックが起きて日本の成長が一段落すると、彼は日本を離れ、世界のケンゾー・タンゲとして、サウジアラビア国王宮殿など、オイルマネーの仕事を次々と獲得した。建築雑誌で発表された竣工写真は、あたかも模型写真のような印象を与えるほど、巨大で豪壮なものであった。象徴的な軸線とメガストラクチャーという、都市全体のデザインに合わせて建築をつくる手法が、急速に発展する国に向いていたのだろう。

そしてバブル経済があだ花を咲かせるころ、丹下は日本に戻り、東京都新庁舎など、再び大きなプロジェクトを獲得するのだ。世界史の中でも最大の資金量を仕事にした建築家ではないかと思われる。

しかしそういった後半期の巨大空間には何か虚しさが漂っていた。魂が感じられないのだ。はっきりいえば、彼のピークは一九六四年であって、それ以後はさほど光るものがない。これは僕の個人的な意見であるが、建築をよく知る者は多かれ少なかれ感じていることではないか。今の建築界の大御所たちは彼の弟子筋に当たる人たちが圧倒的なので、正面きっての批判は避けられているのだ。忖度の国である。

フランク・ロイド・ライトやル・コルビュジエなどは、晩年に大きな飛躍を遂げて素晴らしい作品を残している。どうも日本の芸術家や学者は、社会的名声に満足して、あるいはその社会に引き回されて、それ以上チャレンジしない、あるいはできない傾向があるように思う。これは神（崇高）の概念より「世間」という概念に重きを置く日本文化の特性であるかもしれない。むしろ名もない職人の方が、本来のものづくりの魂を維持しているのではないだろうか。

職人たちの魂

国立代々木競技場は、前代未聞のテンション（吊り）構造である。

もちろん丹下の才能が遺憾なく発揮されたのであるが、坪井善勝という構造家とそのスタッフの力も大きかった。巨大な吊り屋根は、風が吹けば大いに揺れ動く。コンクリートの柱と屋根を吊るワイヤーの接合部が、その動きによって破壊される恐れがある。試行錯誤の末、自転車のサドルのような部分を加え、この動きをズレと回転で吸収する設計とした。

また工事担当者の功績も大きかった。入札に集まった施工会社は、見たこともない図面に尻込みしたという。しかも工期は十八ヶ月に限られ、遅延は絶対に許されない。ＩＯＣが心配し「おそらく間に合わない」と発言するほどであった。初日は落札できず、翌日になってから、大体育館は清水建設、小体育館は大林組が、損を覚悟で請け負った。実際にかかったコストは落札価格をはるかに超えていたともいわれる。

突貫に次ぐ突貫工事だ。揺れ動く屋根に上がる職人たちも命がけであった。彼らには、太平洋戦争で散った仲間や先輩たちに代わって戦後日本の復興に奉職する気持ちもあったのではないか。つまり零戦や戦艦大和をつくったのと同様の職人魂が発揮されたのだ。

そして全日本が祈るように見守る中、オリンピック開幕の一ヶ月ほど前にギリギリ竣工した。まさに戦後復興の完成を告げるモニュメントとして、日本建築界が総力をあげて遂行したのである。

そして同時に、東海道新幹線、首都高速道路、東名高速道路の一部が開通するという驚くべき時代であった。国中が突貫工事だ。日本人は働きづめに働いた。空を見上げた高校生が成長期であったように、日本そのものが成長期であった。

この戦後の復興成長過程で培われた、大和魂に代わる「ものづくり魂」が、やがて、ラジオ、テレビ、その他の電気製品、自動車、オートバイ、カメラ、フィルム、時計など、すべての工業製品において他国に抜きん出た品質を実現する「日本技術圧勝時代」につながるのである。

新国立競技場

さて第二の東京オリンピック（二〇二〇年）はご難つづきであった。

猪瀬知事も、舛添知事も失脚。エンブレムは盗用。[*] 新国立競技場のザハ・ハディド案は、国際コンペで選ばれたにもかかわらず白紙撤回、審査委員長の安藤忠雄も批判された。それまでの設計にかかったコストもさることながら、国際的なデザイン界、建築界において日本は信頼を失った。これは今激しくなっている意匠権商標権の競争において、ボディブローのように効いてくるだろう。

難しい状況の中で、「和」のテイストを組み込んで収めたのは隈研吾の力量というべきであろうが、他のオリンピック施設も含めて、六四年の代々木競技場のような、あるいは今回のザハの原案のような、画期的なコンセプトは感じられない。

一九六四年のオリンピックは戦後復興と併走していたが、二〇二〇年のオリンピックは震災復興と衝突していたのだ。コストをかけず、メダルの数を競うのではない、各国の協調と平和と地球環境の維持、特に温暖化ガスによる異常気象の問題を

エンブレム盗用：問題は、マスメディアがよく報じるベルギーの劇場ではなく、ヤン・チヒョルト展のポスターとの類似である。

テーマにする、まったく新しいオリンピック像を模索すべきであった。

しかしそういった見識と覚悟をもった政治家はいなかった。そして多くの企業や個人が、これを千載一遇のチャンスと捉えて走りはじめた。始まってしまえば、国民はお祭り騒ぎに乗るものだ。

そして「祭りのあと」は必ずやってくる。

いや祭りの前にとんでもないものがやってきた。

吉田茂邸——戦後日本の方向を決めた「大磯もうで」

モデルはチャーチル

吉田茂邸

日本の戦後は無条件降伏から始まった。
戦艦ミズーリ号の甲板で、米兵がいかめしく取り囲む中、重光葵が脚を引きずりながら降伏文書にサインする姿は、敗戦国の哀しい立場を思い知らされた。その少しあと、燕尾服姿で直立不動の昭和天皇とノーネクタイでくつろぐマッカーサー元帥とが並ぶ写真は、国民に決定的な屈辱を感じさせた。
一方、少しあとにトヨタ自動車の社長となる石田退三は、居並ぶ社員を前に「とにかく飯を食わねばならぬ」といってただちに仕事に取りかかったという。無条件とは、国家にとっては徹底的な屈辱であり、国民にとってはとにかく飯を食うことであったのだ。

しかしこの列島に一人、毅然とした政治家がいた。偉丈夫とはいえない小男が、日本を統治する大きなアメリカ人に堂々たる態度で接したのである。

吉田茂だ。

松本清張の全盛期、映画やドラマに、湘南あたりと思われる大きな庭をもつ和風の豪邸に隠居する老人が、政財界に睨みを利かせる「黒幕」として登場するシーンがよくあった。そのモデルのひとつに、晩年の吉田茂とその邸宅があったのではないかと思われる。

大磯の吉田邸は、兜門と呼ばれる古風な門をくぐって左手の小高い丘に建ち、相模湾と富士山を見わたせる。その絶景はその家の主人に日本全体を俯瞰する気概を与えたかもしれない。前に岩崎邸について、明治文学における華麗な洋風住宅を強い女性のメタファーとしたが、昭和時代の文学やドラマにおける豪壮な和風住宅を、強い男性の、特に黒幕的権力のメタファーとして位置づけることが可能だろうか。進歩に対する保守の隠喩である。

外交官だった吉田は、中国勤務が長かったが、戦前は英国大使であり、日独伊三国同盟に反対の立場をとった。戦時中は早期和平工作に奔走したのが露見して投獄されたが、戦後これが一種の勲章となり、外務大臣を経て総理大臣となった。

当時の中国は前近代的であったといえども、日本に文字文明をもたらした歴史ある国である。イギリスは盛期を過ぎたといえども、いまだ、地中海文明の血を引く西欧文明の先端であった。

つまり吉田は、そういった文明史的な視野から、日本軍国主義の辺境性＝偏狭性を感じ取っていたのであり、その同じ視点で、アメリカという国の文明史的な「若さ」も感じていた。

吉田のスタイルは、葉巻、帽子、スコッチと、徹底した英国紳士気取りである。そのずんぐりした容姿から、外国人には滑稽に映ったかもしれない。だが彼にはハッキリとしたモデルがいた。ウィンストン・チャーチルである。

当時のチャーチルは、連合国側を勝利に導いた指導者の一人であり、ルーズベルトが病に倒れ、スターリンが社会主義拡大の野望を見せてから、西側世界最大の英雄となっていた。つまり軍人あがりの政治家として、マッカーサーよりも一枚上の存在なのだ。吉田同様、風采の上がらない小男で、しかも吃音であり、いわば「小さな巨人」であった。

吉田はそれを意識して、絶対権力をもつ背の高い司令官に無言の圧力をかけようとしたのだろう。物質力による敗北を精神力で補おうとしたのかもしれない。それも一種の「やまとごころ＝大和魂」というものだ。また吉田の右腕となってGHQとの交渉に当たった白洲次郎も、イギリス仕込みの英語をあやつり、こびへつらわず、堂々とわたり合うタイプの男であった。

カズオイシグロがノーベル賞を受賞したのを知って、僕はあわてて本棚を探し、昔読んだ『日の名残り』を取り出して埃を払った。この作品には、イギリスと日本にどこかしら共通する精神が描かれているのだ。イギリスは戦勝国であり、日本は敗戦国であったが、西と東の海洋帝国と、それを支えた精神的貴族階級の凋落という点で似たものがあった。落日の哀愁と名残りの輝きに似たものがあった。

この二つの島国は、ともにユーラシア大陸の海を隔てた両端で、ともに木造草葺の住居建築をもち、ともに歴史ある王室を有し、一方は騎士道精神を、もう一方は武士道精神をもち、ともに貴族をギロチンにかけるあるいは銃殺する革命を経験しなかった、などの文化的共通点がある。またアメリカ文化にとって、イギリス文化は父ともいうべきもので、日本文化はそれとは逆方向に位置し、異なるタイプの古い文化である。

その意味で、吉田のナルシシズムともいうべき英国趣味は、新興米国のマッカーサーとGHQに対抗し、文化戦略としての功を奏したというべきであろう。しかも吉田とマッカーサーの間柄は一貫して親密であったというから、吉田には文化力とともに、愛嬌のような人間力があったに違いない。あるいはまた、トルーマンとアイゼンハワーを政敵としたマッカーサーは、チャーチルと吉田にある種の親しみを抱いたのではないか。人間とは案外そんなものだ。

吉田学校と大磯もうで

外務官僚であった吉田は、太平洋戦争を避けられなかった政党人を信用せず、優秀な官僚を大量に政治家に登用した。いわゆる吉田学校である。池田勇人、佐藤栄作、前尾繁三郎、田中角栄、大平正芳といった面々だ。田中は官僚ではなく、しかも正反対にといっていいほど学歴がない。

にもかかわらず吉田に気に入られたことからは、田中の異能ぶり（数字に強い記憶力）と、吉田の懐の深さがうかがえる。

日本官僚制のルーツは、中国的な儒学官僚制と日本的な武家官僚制を基幹として、イギリス的な議会官僚制とドイツ的な帝政官僚制が接木されたものといっていい。つまり吉田は、フランス的な、またアメリカ的な、急進的民主主義を信用していなかったのである。彼が目指した戦後政体は、官僚民主主義とでもいうべき保守的な性格のものであった。

これはＧＨＱの支配下においても、また独立後の事実上のアメリカ支配のもとでも、うまく機能したといえる。国家の大方針をアメリカに委ねている状況下では、天下国家に熱弁をふるう政党人よりも、確実に仕事をこなす官僚の方が合っていたのだ。

吉田の引退後も、吉田学校の生徒たちは、折にふれ、師の意向をうかがおうと吉田の自宅を訪ねた。これは「大磯もうで」と呼ばれている。つまりこの吉田邸は、吉田学校の教室でもあり、その教育が戦後政治の方向を決めたのである。

しかし校長の吉田は、しつこいカメラマンに水をかけたり、質問者に「バカヤロー」といって国会を解散させたり、とても教育者とは思えないワンマンぶりが目立った。今なら大いに顰蹙を買う行為だが、当時は、茶目っ気とも取れたのだろうか。もちろんマスコミは激しく攻撃したが、当人は意に介さなかったようだ。

今、麻生財務大臣が失言を繰り返すことには、祖父の記憶が作用しているのかもしれない。

数寄屋文化とアメリカ

さて大磯の吉田邸は数寄屋である。

設計者は（厳密には増改築であるが）吉田五十八だ。近代数寄屋の名人といっていい。

数寄屋とは茶室である。特に安土桃山時代、千利休によって大成された「侘びの茶」の小さな素朴な草庵茶室がその極北である。貴族の寝殿造や、武家の書院造や、あるいは神社仏閣や城郭建築とも異なり、豪華に対して「簡素」を、格式に対して「自由」を旨とし、本格的木造建築というより「草の庵」という感覚である。利休の草庵茶室は、戦乱の時代に、ひととき戦いの修羅場を離れて一服の茶を点て喫する、いわば「不戦の小空間」であった。

アメリカの文化人が日本文化を評価するのもその系譜である。僕は叔母の篠田桃紅をつうじて、エドウィン・ライシャワー、エドワード・サイデンステッカー、ドナルド・キーンといった人たちと面識があるが、彼らアメリカの知日派文化人が評価したのも、『源氏物語』や、桂離宮から浮かび上がる「もののあはれ」「侘び寂び」といった美意識であり、これは広い意味での数寄屋文化といってもいい。建築家アントニン・レーモンド（後述）が惚れ込んだのも、タウトが絶賛したのもこれである。

その意味で、吉田茂は単なるイギリスかぶれではなかった。英国の貴族文化と日本の数寄屋文化に共通する精神が、自邸を訪れるアメリカ人にもまた他の外国人にも、ある種の力を放射することを感じていたに違いない。

とはいえ、料亭などを手がけた吉田五十八の設計は、利休の茶室のような厳しさはなく、明るく、華やかであった。この建築家はもともと太田胃酸創業者の子息で、茶屋遊びにつうじた洒脱な人物であり、理屈っぽい秀才建築家とは一線を画している。吉田茂邸の斜面に沿った増築も、格式より自由、権力より隠遁の感覚だ。二人の吉田には共通する性格とセンスがあったように思われる。

政治家ではもう一人、岸信介が、同じ吉田五十八設計の邸宅を御殿場につくっている。政治家としては対立するところもあったが、ともに戦前の官僚で、左翼を嫌い、アメリカと協調しながらも対峙し、晩年は黒幕的であった保守政治家としての共通性が、その住まい選びに表れているところが面白い。人生を賭して西欧文明の先端力と切り結んだ二人の政治家が終の住処として選んだのは近代数寄屋であった。

晩年の吉田は、自邸を訪れた吉田学校の生徒に「オールド・パー」を振る舞ったという。田中角栄もそれにならったという。価格や味の問題ではないだろう。やはりサントリー・オールドではサマになるまい。

ちなみに僕は角瓶が好きだ。あのデザインがいい。

聖アンセルモ目黒教会——ボヘミアンが共鳴した木造文化

聖堂の逸品

目黒駅から細い道を山手線に沿って少し歩いたところに、回廊に囲まれた居心地のいいスペースがあり、適度な大きさの聖堂が建つ。聖アンセルモ教会、一般にはあまり知られていないモダニズム建築の逸品である。建てられたのは戦後（一九五五年）、日本がアメリカの手を離れて歩き始めたころだが、今訪れても古さを感じない。

外観は、打ち放しコンクリートと煉瓦色塗装の組み合わせ、コンクリートに色を塗ると品が悪くなるが、この設計者はそうならない。中に入ってみると、ほとんどが打ち放しだが、その隙間から入る自然光が柔らかい印象を与える。正面の祭壇は、円形を組

聖アンセルモ目黒教会

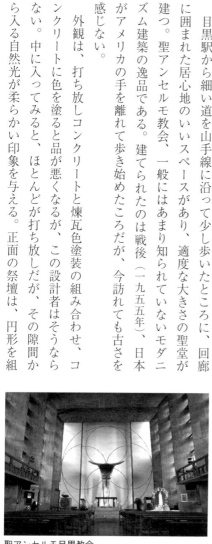

み合わせたグラフィックの白壁を背景に十字架を吊る金色の台が建つ。「建築の素朴」と「象徴の華麗」がバランスしているのだ。側廊における「十字架の道行」は、彫刻や壁画でイエスの死を演出する教会建築の見所だが、ここではそれを「手」だけの彫刻でシンプルに表現して、キリスト教特有の残酷な印象がない。つまり内部も居心地がいい。

設計者はアントニン・レーモンドである。

学生時代、丹下健三とともに最初に名前を覚えた建築家だ。正直にいえばアーモンドに似て覚えやすかったからで、そのころはアーモンド・チョコレートが人気だったこともある。

帝国ホテルを設計するフランク・ロイド・ライトの助手として来日し、日本に残って設計を続けた。他に、東京女子大学、南山大学（名古屋）、聖パウロ・カトリック教会（軽井沢）など、多くの作品があって、いずれも好感がもてる。打ち放しコンクリートを現在のような精巧な美しさに高めたのは安藤忠雄の功績だが、レーモンドのコンクリートには、安藤のような精巧さとは異なる、質朴な美しさがあり、それは彼が設計した木造建築における木肌の美しさにつうじる。

コンクリートの聖アンセルモ教会と、木造の聖パウロ・カトリック教会の内部空間には、素材も規模も異なるのだが似た空気が漂っている。宗教建築特有の仰々しさがないのがいい。

モダンと和風

日本の近代建築家は誰も、モダニズムと和風との関係を考えざるをえなかった。そこには大きく三つの対応が見られる。

第一に、モダン建築の中に和風の要素を取り込むことである。丹下健三、黒川紀章、安藤忠雄などはこのタイプだ。

第二に、近代における和風のあり方を追求することである。村野藤吾、堀口捨己、吉田五十八などはこのタイプだ。

第三に、モダンと和風を融合することである。前川國男、吉村順三、清家清などはこのタイプだ。

この第三の道を日本人建築家に教えたのが、アントニン・レーモンドであった。直接の弟子に、前川、吉村とともに、ジョージ・ナカシマ（家具デザイナー）、増沢洵などがいる。また清家はグロピウスに師事し、ドイツを嫌っていたレーモンドとは逆の立場でもあるが、その作風にはよく似たあたたかさのようなものがある。謦咳に接した僕の体験からも、清家はレーモンドに敬意を抱いていたと思える。明治建築の父ともいうべきジョサイア・コンドルは、日本人に洋風を教えたが、このレーモンドは、戦争をまたいだ昭和の時代に、モダンと日本の伝統との融合を教えたのである。

もともとアメリカのライトの事務所で働いたことがあり、日本通でもあったので、帝国ホテルの設計を受けたライトが、助手として日本に誘ったのだ。ところが独立後のレーモンドの作風には、ライトの影響をほとんど感じない。彼自身「ライトの影響を抜け出すのに苦労した」と語っている。そこには、二人の建築家の微妙な関係が読み取れ、モダニズムと日本の伝統との関係を巡る微妙な問題も読み取れる。

フランク・ロイド・ライトもまた、浮世絵の蒐集家として知られる日本通であったが、天才肌のライトは、あくまで自己の作風が第一で、日本の伝統は参考の一部に過ぎなかった。しかしレーモンドは、より深く日本の風土と伝統にコミットし、その中から自己の作風を発酵させようとした。彼が設計のさいに繰り返し主張したのは「簡潔で誠実な空間」であり、その精神が弟子たちにもつながっている。つまりある意味で「日本文化が生んだ」建築家なのだ。彼はボヘミアンであった。

プラハ・境界の文化

アントニン・レーモンドはチェコ出身で、プラハ工科大学で建築を学んだあとアメリカに渡り、その市民権を得て、主に日本で活躍した。チェコ人を「ボヘミアン」というが、この言葉は、ヨーロッパの長い歴史の中で「故国を喪失した流浪の人」を意味する。

プラハは「百塔の都」と呼ばれる美しい街である。『変身』を書いたカフカの街でもあり、建築にはアルフォンス・ミュシャによるアール・ヌーヴォー時代のデザインがよく残っている。

周囲は深い森の風土で、文化的には西欧と東欧の境界線、宗教的にはローマン・カトリック圏とギリシャ正教圏の境界線、民族的にはゲルマン系とスラブ系の境界線にある。中世にはヤン・

フスの教えが広がり、彼は異端とされ火刑に処せられたが、市の中央広場にはいまだにその銅像が置かれ市民の尊敬を集めている。つまりプロテスタントの起源の地でもある。

いわば、ヨーロッパ文明における「境界の文化」であろう。

どうも僕は、ヘルシンキ、タリン（エストニアの首都）、リガ（ラトビアの首都）、クラコフ（ポーランドの古都）、プラハ、ウィーン、ブタペスト、イスタンブールなど、ヨーロッパの文化境界の街に魅かれる傾向がある。

レーモンドの作品の中でも、強い印象を受けるのは「木の扱い方」だ。特に、比較的細い丸太の扱いで、構造力学的には洋風だが、意匠的には和風に近い。そこには草庵茶室すなわち数寄屋の感覚、すなわち山里の自然を都会にもち込んだ「境界性」も感じられる。

レーモンドがもつ境界文化の血が、日本という東の果ての国の境界の様式である数寄屋に共鳴し、かつこの国が急速に洋風を取り入れてさらに近代に向かおうとする、その時間的境界性にも共鳴したのではないか。

昭和八年（一九三三）、軍靴の音高まる時代、前述のブルーノ・タウトが来日して、日本の伝統建築をモダニズムとして話題を振りまいた。この時期、レーモンドは、日本における対米ナショナリズムの圧力が高まるのを避けるように、ひっそりと設計を続けていたが、本格的に緊張が高まるとアメリカに戻り、戦争末期には、日本建築をよく知る者として、Ｂ29による空襲計画に協力し、戦後、再び来日して設計事務所を開設した。この時期の都市爆撃への協力を批判する声もあるが、レーモンドの日本建築に対する愛情と貢献を疑うことはできない。

それは彼が、先進的な欧米文化の眼をもって日本人を指導したのではなく、むしろ日本文化に育てられた精神をもって後進に当たったからである。そこに、日本に「文明」を教えた西欧人との微妙な違いがある。

何といっても西欧は、数百年にわたる世界の覇者であり、その文化は、世界の文化ヒエラルキーの頂点に君臨する力を放つのだ。当たり前のことだが、文化にも「格差」がある。そしてそのあいだに働く下克上の力学が、歴史のダイナミズムを生む。

国立西洋美術館——巨匠ル・コルビュジエの苦悩と呪縛

朝霧のロンシャン

ヨーロッパをヒッチハイクで放浪していた若いころのことだ。

ロンシャン礼拝堂

　フランスの小さな田舎町、深い朝霧で先が見えない中、坂を上っていく。ゆるいカーブを曲がりながら小高い丘の上に出ようとするとき、突如として空中に、黒々とした巨大なキノコのようなものが浮かび上がった。

　ル・コルビュジエが設計した「ロンシャン礼拝堂」の屋根である。

　西洋の建築なら通常、屋根はドームのように下向きにカーブしているのだが、この屋根は逆に、暴力的なほど力強く、上向きに反り返っている。真っ白な壁には窓がない代わりに、ところどころ大小いくつかの穴が穿たれている。

中に入る。

壁と天井のあいだがわずかに空いていて光が漏れる。壁の穴からもカラフルな光が差し込む。厚い壁に穿たれた穴の側面に原色が施されているので、外からの光も色彩を帯びるのだ。現代のステンドグラスは、モンドリアンの抽象画のように、軽快な荘厳を感じさせた。

いずれにしろそれは、これまでの歴史に見られない画期的な建築であることはたしかであった。

国立西洋美術館

世界遺産に指定されることによって、その建築が話題になり、観光客が押し寄せる。
しかし最近指定された国立西洋美術館に関しては「なぜ、あれが世界遺産なのか」という声がよく聞かれる。たしかに、上野公園の一隅に、あまり目立つとはいえない「四角いコンクリートの箱」といったたたずまいである。むしろその前に置かれた「考える人」「カレーの市民」「地獄の門」といったロダンの彫刻が強い存在感を放射している。
コンクリートの箱は、太い円柱でもち上げられ、閉鎖的な印象を与えるが、中に入って見れば、上からの自然光が取り入れられ、変化に富む立体的な空間となっており、その構成と各部の造形は、まさにル・コルビュジエの手になるものである。それが特別な印象を与えないのは、すでに彼の設計手法が日本に根づいているからに違いない。

われわれはまずこの指定が、世界各地のル・コルビュジエの作品が一挙に指定されたものの一つであることを認識する必要がある。つまり一つひとつの建築ではなく、ひとりの建築家が世界遺産なのだ。

ル・コルビュジエ

とはいえ、ル・コルビュジエの名を初めて聞く人も多く、建築家であることを知ってはいても、彼が何をしたのか知る人は、専門家以外には少ないであろう。

端的にいえば、ル・コルビュジエとは、建築モダニズム形成期における最大の革命的カリスマであった。

ヴァルター・グロピウスやミース・ファン・デル・ローエとともに、機能主義モダニズム、インターナショナル・スタイル（国際様式）を確立した一人であり、フランク・ロイド・ライトを加えて「巨匠」とされるが、中でもコル（建築界の慣例にならって簡略化する）は、もっとも理論的であり、もっとも前衛的であり、またもっとも個性的な造形力をもつ、まさにカリスマである。

それまでの建築家は建築に美しさを求めたが、コルは時代を一歩前に進めることを求めた。「住宅は住むための機械である」（機能に徹するという意味）とさえ言った。しかし彼の作品が美しくないわけではない。むしろとても美しいのだが、その美しさが他の建築家とは違っていた。たとえばラファエロの絵が迫真的な美しさに満ち、東山魁夷の絵が静謐な美しさに満ちていることは誰でも認めるが、ピカソの絵はどうであろう。キュビズムの初期には酷評されたのだ。分かりやすくいえば、ピカソの美が絵画に革命を起こしたように、コルの美は建築に革命を起こしたのである。

スイス出身だが、やがてフランス国籍を取得する。日本の建築界で「エスキス（スケッチ、建築空間の基本を決める過程）、ピロティ（建築を柱で持ち上げ地上階を空けた空間）、ファサード（通りや広場に面した建築の側面）」などフランス語がよく使われるのはコルの影響だ。若いころは時計職人の学校で学び、絵描きでもあり、建築の正式な教育を受けることなく、高名な建築家の事務所で修業して建築家となった。

日本ではほとんどの建築家が難関大学の建築学科（理系）を出ているが、それは必須条件でも何でもないのだ。安藤忠雄がいい例である。

合理主義からの転換

初期の作品には住宅が多く「近代建築の五原則」と呼ばれるピロティや屋上庭園（鉄筋コンク

リートによってフラットな屋根が可能となった）など、都市計画と関連する手法を使って、薄く、軽く、真っ白な空間を志向した。合理主義（画家としてはピューリズムすなわち純粋主義）と呼ばれる。このころのル・コルビュジエは、ヨーロッパの建築に機能主義が確立されるムーブメントのイデオローグ（理論家）であり、確固たる旗手であった。その代表作がサヴォア邸である。

しかし戦後、インドのチャンディーガルにおける公共建築を手がける頃から、その苛烈な風土に感化されたのか、薄く軽く合理的な機能主義は姿を消し、厚く、重く、原色と彫塑的な表現力に満ちたコンクリートの塊が姿を現す。この転換の論理は、本人の口からも、批評家のあいだでも、ハッキリとは語られていないが、戦時中のヴィシー政権への協力が影響しているのかもしれない。

そして冒頭に述べたロンシャン礼拝堂が登場するのだ。

前半期の合理主義的作品に加えて、後半期の造形主義的作品が加わることによって「建築界の巨人」としての立場はさらに強大なものとなった。「合理」に「情念」が加わった。僕の語彙を適用すれば「都市力」とともに「風土力」が作用したのだ。

国立西洋美術館は晩年の作品であり、コンクリートのマッシブな表現ではあるが、奔放な造形性は抑えられ、ピロティや上からの自然光など、むしろ前半期の原則が生かされていることを感じる。その設計過程は紆余曲折、局面ごとのスケッチや図面が展示されているが、螺旋型のプランから卍型のプランに変化していくさま、外部のプロムナード（遊歩道）と、内部の自然採光の

サヴォア邸

考え方など、コルの頭の中が多少は理解できるような気がした。

設計には、坂倉準三、前川國男、吉阪隆正といった、直接コルの薫陶を受けた建築家がアシストしている。もちろん彼らの作品にはコルの影響が色濃いが、それがその弟子たちにも、特に東大と早大（有力な建築学科をもつ）の出身者には強く残る。また現在、世界で活躍する安藤忠雄や妹島和世にも影響が感じられる。

その意味で、日本建築界とル・コルビュジエとの関係は深い。

他にこんな国は、コルの弟子でもあったオスカー・ニーマイヤーが新しい首都を設計したブラジルぐらいのものではないか。

「一〇-三〇革命」

僕は、フランク・ロイド・ライトのロビー邸（一九一〇年）から、ル・コルビュジエのサヴォア邸（一九三一年）までの二十年間を「建築革命の時代」と考えている。

第一次世界大戦をはさみ、ドイツにバウハウス、オランダにデ・スティル*、ロシアに構成主義*、イタリア

デ・スティル：英語でいえばザ・スタイル。画家のモンドリアンも所属し抽象絵画との関連が深い、建築ではリートフェルトのシュレーダー邸が有名。

構成主義：革命を背景にしたダイナミックで機械のような造形運動。建築ではV・タトリンが知られ、現代の脱構築にも通じる。

未来派：未来志向の前衛的な運動でむしろ建築以外の分野に広がる。ダダイズム、ファシズムとの関連がある。

に未来派*といった前衛運動が一斉に登場し、ファグス靴工場（グロピウス）、バルセロナ・パビリオン（ミース）といった画期的な建築が建てられた。いわゆる巨匠たちの時代であるが、理論と創造における最大の革命家はル・コルビュジエであり、彼によって建築はモダニズムへの大転換が成就したのだ。

そしてポストモダン（近代以後）が唱えられた時代を経ても、コルの影響は消滅するどころか、むしろ蘇ったとさえいえる。革命性において彼を超えるものが出ていないからである。建築界に「コルの呪縛」というものがあるとすれば、それはまだ解かれていない。

この「一〇‐三〇革命」によって、古代ギリシャ以来の、地中海文明、西欧文明の、建築の歴史が終焉を迎えたのだ。そしてその変革が世界中に広がったのだ。考えてみれば神話的な時代であった。その後、第二次世界大戦があり、社会主義国家の失敗があり、科学技術、特に電子情報技術は大きく発達したのだが、一九三〇年前後に確立された建築モダニズムは、さほど変化していない。

僕はこれまで、建築様式から文化様式を論じてきたのであるが、その論理を適用すれば、人間の文化的価値観は「一〇‐三〇革命」によって有史以来の大変革をとげ、その後はさほど変わっていないということになる。

「アバンギャルド（前衛）の時代」は終わったのか。いや、最近はむしろ後退しているようにさえ感じる。しかしその後ろ向きの時代の中になお、激しく前進しようとする者もいるのだ。

東京文化会館——モダニズムに筋をとおす

上野の顔

ＪＲ上野駅の公園口を出て真正面、一風変わった建物が迎える。天に向かって反り返った庇をもつ打ち放しコンクリートの建築。いかにもル・コルビュジエの影響だ。東京文化会館である。大小二つの音楽ホールをもつ。

設計者は前川國男。大学を卒業したあとフランスに渡り、ル・コルビュジエの事務所で修業し、日本に帰ってから、アントニン・レーモンドの事務所で修業した。

外観も密度高くデザインされているが、中に入っても、基本的な空間構造から隅々の詳細まで緻密な存在感がある。師のレーモンドはこれを「前川國男の交響曲」と評した。その立地からも上野公園の顔となっているが、角を曲がった向かい側には、前川が設計をアシストした国立西洋美術館が建つ。

この時代打ち放しコンクリートは「まるで工事中のようだ」といわれ、一般の評判が悪かった。ましてやクラシック音楽（西洋音楽）の会場ともなれば、ドレスアップした女性客も多く、空間に豪華さと格式が求められる。打ち放しコンクリートの野性味と前衛性はその要求に合わない。現在のように打設面を綺麗に仕上げる技術が一般化した時代ではなく、設計者も、施工者も、相当の苦心があったものと思われる。

この問題をクリアしたのは、丁寧に設計された造形密度の力である。コンクリートの野性味と前衛性はル・コルビュジエの影響、その細部の丁寧な造形はレーモンドの影響といっていい。つまり設計者の前川をつうじて、二人の外国人建築家のDNAがこの建築に流れ込んでいるのだ。

夢の舞台

音楽会場、劇場、オペラハウスなどといったホール建築は、華やかさがあって、建築家が一度は手がけたいものであるが、その設計は易しくない。

まず音響条件が難しい。建築に遮音性が必要とされるばかりでなく、ホール内部の仕上げ材による反響が重要である。劇場はセリフの明瞭度が要求されるので短く、音楽ホールは響きを良くするため長くという具合に、要求される残響時間が異なるのだ。ホールの形も、音楽には客が演奏者を囲む形のシューボックス型などがいいとされ、劇場は可視線と肉声の届く範囲が重視され、本格的なオペラハウスとなれば、舞台装置の関係で、奥と脇を含め客席以上の広さをもつ舞台が必要とされる。音楽や演劇の専門家は、質を重視して、収容人数が多すぎるものを拒否するが、興業家や知事や市長といった権力者は、質より量、大人数が入ることを好む。建築家には、そういったさまざまな要求の交通整理まで要求されるのである。

したがって、全国の県や市の文化会館というものは、多目的ホールとなりがちだが「多目的は無目的」ともいわれ、レベルの高い演者と観客には評判が良くない。

また建築としては、外壁面が閉鎖的になって周囲の街並みを圧迫する恐れもある。つまりホールとしての機能を満足させるための完全な箱であることと、都市に開かれた魅力的な空間をつくることの相克に悩まされる。建築家にとって、美術館や教会は代表作になりやすいが、ホール建築はなりにくいのだ。したがって高度成長以後、ホールの設計は、アトリエ建築家よりも組織の設計が多く、自然、機能重視の地味な箱型建築になりがちであった。

とはいえ、音楽会場や劇場は、人々にとって夢を実体験する空間である。

建築には、その夢にいざなう入り口としての、ファンタジーに満ちた魅力も求められるのだ。かつてのヨーロッパのオペラハウスは、絢爛たるバロック風の装飾を有し、着飾った観客の社交の場であった。建築も観客も、舞台と同様に、夢をもって観られる存在だったのである。

日本でこういった要求に応えられる建築家は少ないが、例外的な人はいた。村野藤吾だ。独特の意匠力をもつこの建築家は、東京の日生劇場、大阪の新歌舞伎座（旧）、宇部市民館（渡辺翁記念会館）など、時にモダニズムを逸脱するほどの装飾性をもつ名作を残している。

前川國男は、村野のような装飾的意匠によってではなく、あくまで機能主義的なモダニズムに立ちながら空間の変化と風格を保とうとした。そういった、モダンの前衛性と迎賓の風格性を併せもつことにおいて、東京文化会館はホール建築の高峰としての地位を保つのであり、その評価が前川に他県の文化会館も、また東京都立美術館も手がけさせることになったのであろう。

前川と丹下

前川國男という人は、その作品とは別に「建築家の人格」という点で独特の評価を得ている。軍国主義、国粋主義の時代、多くの建築家が時勢におもねり、コンクリートの建築に城郭風の傾斜大屋根を載せる、いわゆる「帝冠様式」を試みたのに対して、前川は、日本趣味と東洋式が求められた東京帝室博物館（現在の東京国立博物館）のコンペに、落選覚悟で陸屋根（平たい屋根）の案を提出するなど、徹底してモダニズムを通そうとした。

それが戦後、軍国主義を否定する左翼的な論陣において高く評価されたのだ。特に、時勢に敏感に反応してスーパースターとなった丹下健三（前川の事務所で修業した）を論難する批評家は、その対照として前川を祭り上げた。分かりやすくいえば建築界に、資本主義的な右派は丹下、社会主義的な左派は前川、という構図があった。のちの丹下と黒川（紀章）のように建築界では師弟の対立ももままあることなのだ。

建築設計において、思想を貫くべきか時勢に応じるべきか、という議論は専門的にならざるをえないのでここでは深入りしないが、建築には、そういった「時代精神」が現れるものであり、建築家はその様式選択の決断を迫られるのである。

前川の真骨頂は、丹下のような派手な造形ではなく、細部（ディティール）の設計をしっかりと詰めることによって、訪れる人を包み込むような柔らかい空間を創出することにある。両者ともル・コルビュジエから出発しながら、丹下は前衛性創造性を重視する方向に、前川は人間性公共性を重視する方向に進んだのだ。

考えてみれば前川が、東京帝室博物館のコンペに意識的に敗北して以後、国立西洋美術館、東京文化会館、東京都美術館など、上野の森の重要建築の多くに関わることになったのも不思議な因縁である。

前川は、左翼的な思想傾向の論客にもち上げられたが、ゴルフが趣味（当時はそれほど一般的ではない）、父は内務省官僚、弟は日銀総裁という家柄で、決して庶民的な人物ではなかった。

戦中から戦後へという価値観の大転換に筋を通して生きる。

われわれの世代には経験できないことだが、世に小さな転変は多い。人は常に、筋を通すことと時勢に応じることとの選択を迫られている。何らかの理念をもって世俗に生きることの苦悩ではあるが、その苦悩を感じない人より感じる人の方がマシであろう。

パレスサイドビルディング——かつて工業は美であった

普遍的な空間を目指して

パレスサイドビルディング

内堀通りを歩いてみれば、お堀の水がキラキラと輝き、皇居の緑が潤いを与え、東京湾につながる風の道でもあり、日本の一等地というべき心地良さがある。少し離れた国会議事堂あたりから東京駅あたりまでに、英国大使館、国立劇場、最高裁判所、警視庁、帝国ホテル、帝国劇場、第一生命ビル（GHQ）、経団連会館といった建物が並んでいる。

ここでは竹橋近く、その内堀通りと首都高速に挟まれるように建つパレスサイドビルディングを取り上げる。丹下健三の作品のように強い表現力をもつ建築ではなく、一般の人にはあまり馴染みのない「プロ好みの名作」だ。建築関係者以外には、毎日新聞本社といった方が通りがいいかもしれない。

アントニン・レーモンドの設計によるリーダーズ・ダイジェストの本社が建っていた場所に、日建設計の林昌二グループが設計し、一九六六年に竣工したオフィスビルである。

白っぽい二つの円筒形の塔と、黒っぽい長いオフィス棟が巴型に配置され、ある種の調和が感じられる。二つの円筒形は、その中にエレベーター、階段、トイレを結集させた「コア（核）」として、オフィス棟は、どのような使い方にも応じられるオープンな「ユニバーサル・スペース（普遍空間）」として設計されている。オフィス棟のファサード（立面）は、大きなガラス壁の外側に庇と雨樋が組み合わされた繊細な構成で、巨大な建築であるにもかかわらず、単調性と閉鎖性による圧迫感を与えない。

「ユニバーサル」という言葉は、現在では「障害者も使える」という意味に使われているが、建築モダニズムの形成期においては「幅広い用途に使える普遍的な空間」という意味であった。特に、ヴァルター・グロピウスやル・コルビュジエとともに、機能主義モダニズムの中心概念としてのインターナショナル・スタイル（国際様式）を築き上げたミース・ファン・デル・ローエの作品に現れる空間が典型的である。

ゴシックやバロックやクラシック（古代ギリシャ風）といったヨーロッパにおける歴史的な様式を否定することから出発したモダニズム建築は、さらに「装飾そのものを否定」するに至り、「機能のみに基づく空間」を志向し、やがて各地の風土や伝統に関わらない「普遍的（ユニバーサル）な空間」に向かったのだ。それは人類が、地中海を淵源として西欧に拡大した科学技術的普遍性の文明に向かう、という前提の上にあり、一九六〇年代まではその方向性が疑われることがほとんどなかった。

このパレスサイドビル以後、日本のオフィスビルでは「コア（核）」と「ユニバーサル・スペース」の組み合わせによる設計が一般的となり、日建設計の林グループは、その配置のプロトタイプ（原型）となるいくつかの名建築を設計する。これが高度成長期における日本のオフィスビルの水準を上げたことはまちがいない。

機能と性能の美意識

こういった建築の設計において重要なのは、詳細部分（ディテール）と寸法単位（モデュール）の、洗練と標準化である。「ユニバーサル」とは汎用性があるという意味であり、その空間設計は、自動車や電機製品のように、量産（建築では同じパターンが繰り返されること）のプロトタイプ（原型）となることを前提として、間仕切りを動かしオフィスや会議室や個室など使い方を変化させることと、建築構造と、照明、空調、防災などの設備との、最適な構成を追求することである。

その精神は、バウハウスが掲げた「トロッケン・モンタージュ・バウ（乾式組立建築）」という概念の延長上にあり、建築のつくり方が、一つひとつの現場生産から、工場でつくられた部品の組み合わせに移行すること、すなわち「工業化」を進むべき道と考えることであった。

「プロ好み」とは、大向こう受けの派手な造形ではなく、このように空間と部位部材がみごとにコーディネートされた製品となることを指すのであるが、専門的にはこれを「構法」と呼ぶ。戦後日本の建築構法は、日建設計の林昌二グループの実践とともに、東京大学の内田祥哉の研究室によって、一段と進化した感がある。部分から全体に至る空間形態の機能と性能を美意識に総合するデザインであり、日本人の得意な精巧で緻密な職人的努力の積み重ねでもある。

林は戦時中、飛行機の設計を志していた。この世代の建築家には何人かそういう人がいる。零戦や隼などをつくった技術者魂が、平和な時代になって建築に流れ込んだのだ。また内田の父親は東京帝国大学の総長も務めた人物で、関東大震災の経験から建築構法の防火を追求し、子息の祥哉は構法の工業化を追求した。

こうしたことを考えると、戦後日本の建築には、戦前、戦中から連続する技術の筋道があると思われる。一つあとの世代の安藤忠雄や伊東豊雄や妹島和世のデザインにさえそれを感じる。建築もひとつの「ものづくり」であり、この列島の風土に根づいた技術者魂が脈々と息づいているのだ。この時代の日本人は技術に対して真剣であった。工業は「美」であった。

工業から風土へ

僕は、大学院において内田に近い工業化構法の研究をし、組織事務所において林の作品をモデルとしてきたので、この二人は先達である。

しかし、ヒッチハイクでヨーロッパを放浪した経験を『建築へ向かう旅』として出版したことや、アフリカやアジアの途上国において政府援助の仕事をした経験から、研究の矛先を一転して、工業化構法から真逆の風土的構法に切り替えた。ベトナム戦争は、アメリカの文明力（都市力）がベトナムの風土力に負けたのだと感じていた。

当時としては思い切った孤独な転換であり、都会の官職を捨てて郷里に帰り隠逸詩人となった陶淵明のような心境でもあったが、その後そういった方向の研究が増えてきた。これに加えて地球環境の問題も考慮されるようになり、現在は「風土」が大きな潮流となりつつある。

建築の設計も技術も研究も、時代の流れの中にある。人も、組織も、また権力も、その波間に浮き沈みしながら漂っている。

「漂えど沈まず」と言ったのは釣り好きの開高健だった。

もともと「たゆたえども沈まず」というパリ市の標語があるという。たしかにパリという街は歴史の暴力に晒されながらもその輝きを失わなかった。東京はどうだろうか。日本のものづくり技術はどうなるだろうか。新型コロナウイルスは、東京と日本をどう変えるだろうか。

風土と建築と文化の地理学

キリマンジャロのふもと

キリマンジャロの高峰を背景に、茫々と広がる草原を一直線に貫く細い道。ＪＩＣＡのランドクルーザーはフルスピードで疾走する。

現地人ドライバーは対向車が見えてもスピードを落とすことなくすれ違うのでヒヤヒヤするが、突然急ブレーキを踏むこともある。遠くに、マサイ族が追うヤギの群れが目に入ったときだ。暗い赤や黄に染められた衣を纏ったマサイと、彼らが手にする棒にしたがう動物たちは、われわれの車を意識することなく悠々と道を横切っていく。このマサイステップ（マサイの草原）と呼ばれる「時空」の主は彼らであり、道路も自動車もまったくの新参者なのだ。

ところどころオランダの風車のように立つのは、痩せた大地から養分を吸い上げるための太い幹と、蒸発させないためのわずかな葉をもつバオバブの樹であった。

「住宅の工業化構法」という、当時としては先端的な研究で学位を取り、東京の設計事務所に勤め、高層ビルや市役所など、大規模な建築の設計をするようになった。

しかし会社はODAの仕事が急増し、少しでも英語ができる者を投入せざるをえず、僕はタンザニアとビルマ（現在のミャンマー）のプロジェクトの主たる設計者となる。それまでは大きな設計チームの一員であったが、海外の仕事は、直接現地に行く若い担当者に任せるので、苦労も多かったがやりがいもあった。

当時は、タンザニアもビルマも文明の発展から取り残されたような社会主義国で、都市を少し離れれば、土を固めた家や、椰子の葉を編んでつくる家など、ヨーロッパや日本には見られない素朴な住居と素朴な生活に出会う。

僕はその風土的な住居の様式に興味をもった。それまで建築様式といえばゴシックとかバロックとか書院造とか、歴史の主役となるものであって、風土的なものはむしろ地理学や文化人類学の範疇であったのだ。図書館にこもって、手当たり次第に資料を集め、その様式を分類し分布を調べるという研究に着手した。

膨大な資料を分析して二十一種類の様式を設定し、さらに六種類の基本様式に要約した。ここでその分類と分布と、それに関連する文化特性について、ごく簡単に紹介する。専門的に書けば、一冊の本になるところを一頁にまとめるので、飛躍を恐れず要点だけを記す。

一・一体式：生土を乾燥させて固める様式：木の骨に付着させる、泥饅頭を積む、木の型枠を使う方式などがあり、日干し煉瓦をこれに含める。アフリカ大陸、中近東、インド、中国西部、南北アメリカ大陸（ヨーロッパ人の入植以前の様式に限定）に幅広く分布する。風土的には亜熱帯の乾燥地域が中心である。：大地と一体となった文化であり、地域によって「アラー」という絶対神の信仰が広がった。

二・組積式：石や煉瓦を積み上げる様式：ヨーロッパ、アフリカ北岸、中近東すなわち地中海周辺地域、インド、中国に広く分布し、東南アジアとアメリカ大陸に部分的に分布する。ヨーロッパ人が「文明」と称する地域にほぼ一致するが、日本はここから外れている。風土的には亜寒帯、温帯の比較的乾燥した地域が中心である。：早くから文字が成立した歴史を積み上げる文化であり、石造建築の複雑化とともに、幾何学、力学、天文学などが発達し、合理主義的な思想を育んだ。

三・木壁式：太い木材と厚い壁による閉鎖的な様式：ログキャビンのような木材の組積式と、木の斜材と壁とが一体となったハーフティンバー式の二種類がある。北部ヨーロッパ及び山岳地域に分布する。風土的には亜寒帯でやや湿潤な森林地域である。：家の中の暖房を前提とする森と火の文化である。北ヨーロッパの神話と童話（メルヘン）の世界であり、やや神秘主義的な生活と思想を育んだ。

四・軸組式：細い硬い木を組み立てる様式：中国、韓国、日本、東南アジアに多く分布する。

風土的には温帯から亜熱帯の樹木の多い湿潤地域である。木組みの精巧さ、建具や畳の規格化、分業などの点で、日本は特にこの様式が発達した。：家の中に風を通すことを前提とする、木を組み立てる文化であり、紙の文化でもある。四季の移ろいを強く意識する文化でもある。

五・編成式：草を編んで（藁や葉や蔦など柔らかい植物を総称して草とする）つくる様式：アフリカ、アジア、アメリカの赤道近く、風土的には湿潤暑熱の熱帯雨林（ジャングル）に共通して分布する。：豊饒な自然（生命）に編み込まれた文化である。人間も動物も圧倒的な植物的生命力の中に置かれている。文明から取り残される傾向にあったが、最近は生薬の原産地として注目される。

六・皮膜式：皮やフェルトによるテント様式：中央アジアの草原、中近東の砂漠、北欧のラップランド、北米の草原などに分布する。：狩猟や遊牧や隊商など、移動性の文化である。特にユーラシアの西と東を結ぶ広域の文化交流に大きな役割を果たした。

以上、人間の基本的な建築様式の分類、分布、風土との関係、歴史的文化について簡略に記した。もちろんこういった類型化は、連続的に変化することによる「境界の矛盾」を含み、すべての地域に断定的に当てはまるものではない。

「ユーラシアの帯」――大きな文化圏・小さな文化圏

十六世紀以後にヨーロッパ人が植民地に建てたものは別にして、宗教建築や宮殿などの「高度な様式」は、ヨーロッパから、北アフリカ、中近東など地中海周辺、そしてイラン、インド、中国、朝鮮半島、日本、そこに東南アジアの一部が加わった、西から東へと横たわる細い帯状の地域に集中している。

分布研究上、僕はこれを「ユーラシアの帯」と呼んだ。そして風土的な様式は人間の「生活文化」を表し、高度な様式は人間の「思想文化」を表すように思えた。

一般に、この帯の西側を「西洋」、東側を「東洋」と呼んでいるが、これは曖昧な呼称で、ヨーロッパからの偏った分け方である。本来、日本人が「中東、中近東」というような言葉を使うのは不自然なのだ。

建築様式を中心に考えると、まったく異なる分け方が見えてくる。

まず西側は、ヨーロッパ、アジア、アフリカと分けるより、むしろ地中海を中心とする一地域として、キリスト教圏もイスラム教圏も不可分と考えた方がいい。またインドも中世にはムガール帝国でイスラム教であり、インドとヨーロッパには印欧語族という言語的民族的同系性がある。さらに数学や化学や天文学の発展におけるアラビアとインドの貢献を考えれば、イスラム圏はもとよりインドも、ユーラシア西側の大きな文化圏の一部であると考える方が自然である。

そしてさらに東南アジアも、建築、宗教、文字、料理、服飾などが、中国よりもインドに近い。

小乗と呼ばれる南伝上座部仏教はインド、スリランカ系統で、仏教寺院はヒンズー教寺院に近く区別できないものもある。実際マレーシアとインドネシアはイスラム圏である。

つまりそこに、ヨーロッパからイスラム世界とインドを経過して東南アジアに至る、これまでの西洋の概念をはるかに超えた、広域の文化交流圏が設定される。それはユーラシアの北西から東南にかけて横たわる多様な文化を包摂する「大きな文化圏」であり、その結果、中国、朝鮮半島、日本は、「小さな文化圏」として残される。

大きな文化圏は「石造の宗教建築とアルファベット」によって特徴づけられ、小さな文化圏は「木造の宗教建築と漢字」によって特徴づけられる。

歴史的に見れば、大きな文化圏は、多様な民族、多様な言語、多様な宗教が交錯し、きわめてダイノミックな文明の興亡を演じてきたが、小さな文化圏は、比較的静穏な一つの極とその周縁という構造であった。シルクロードとは、その二つの世界を結ぶ細い糸であったのだ。

日本という国は、この「ユーラシアの帯」の東端であり、その位置性が、その文化の性格に決定的な条件となっているのは当然であろう。島国の中にいては見えないものがある。また逆に西欧のように世界を征してもその偏見のゆえに見えないものがある。

学会の論文に世界の分布図を出したときは賛否両論であった。「これが人類の建築様式の基本だ」といったら、「テーマが大き過ぎる」といわれ、「こんなものは建築じゃない」とさえいわれた。

意外にも建築史より建築構造の専門家に評価された。またどちらかといえば京都の評価が高かったが、僕が若いころから京都学派（京大人文研系）の本をよく読んでいたのと面白い一致であった。

設計の仕事はいつも夜中まで。休日には学術論文も書き、文化論的なエッセイも書き、とにかく忙しかったが、ある夜のこと、西麻布の事務所に近いいつも行く飲み屋に、大学時代のT先輩から電話があった。「若山、名古屋に来い」と言う。体育会系運動部の先輩であるから「はい分かりました」と答える。「昭和な」どころか、僕らには「戦前な」気分が残っていたのだ。

人生は石ころのように転がっていく。

本章に関わる筆者の著書と参照図書

『風土に生きる建築』若山滋・鹿島出版会SD選書、一九八三年
『世界の建築術――人はいかに建築してきたか』若山滋・彰国社、一九八六年
『風土から文学への空間』若山滋・新建築社、二〇〇三年
『オリンピックとデザインの政治学』森山明子、若山滋・朗文堂、二〇一六年
『自由からの逃走』エーリッヒ・フロム、日高六郎 訳・東京創元社、一九五二年
『人文地理学原理』ブラーシュ、飯塚浩二 訳・岩波文庫、一九七〇年
『偶然と必然』ジャック・モノー、渡辺格、村上光彦 訳・みすず書房、一九七二年

IV たましいの空間

世界平和記念聖堂（広島）

目黒区役所（旧千代田生命ビル）――村野藤吾・時代遅れが時代を超える

洋風・和風・モダン

ただの区役所ではない。

なにしろ村野藤吾の設計だ。もとは千代田生命のオフィスビルであった。学生時代、建築学科の友人たちと連れ立って見に行ったが、実に優美な建築であった。敷地全体にゆったりした包容力があり、仕上げ材料にあたたかみがあり、ディテールに微妙な曲線が使われて、丹下健三のダイナミックで力強い建築に慣れていた眼には、こういう現代建築もあるのだという印象である。当時の生命保険会社は、村野に設計を依頼するだけのセンスと力をもっていたのだ。

区役所として使うにはそれなりの変更が必要であったようだが、名建築を使うことによって残すのはいいことで、建築界としては目黒区の英断に感謝すべきだろう。しかしあちこちにどうでもいいような標語を書いたポスターのようなものがベタベタと貼られ、せっかくの美観をそこなっているのは残念なところである。

村野藤吾（一八九一〜一九八四）は、近代日本の建築家として外せない存在である。

戦後は、建築家のほとんどがモダニズムの建築を設計したのに対して、村野は「洋風・和風・モダン」という三つの様式を、それぞれ魂を込めて設計した、というのがもっとも分かりやすい説明だと思われる。

洋風といっても、かつての歴史様式にのっとっているわけではないので、厳密には「装飾否定以前のモダニズム」という方が正しいが、洋風とする方が一般に理解されやすいし、村野自身も、洋風とかモダニズムとかいう意識はもっていなかったと思われる。彼は、石積み、煉瓦積み、銅板屋根などを、単に西洋の風土に根づいた建築手法として、多少のエキゾティシズムを込めて使っているように感じられる。

和風に対しても、特にそれを近代化するという意識はなく、日本の風土に育った「侘び」という美意識をそのまま現代に実現することを追求する。村野を表現主義とする人もいるが、どうだろうか。モダニズム建築はさまざま前衛運動（主義）とともに進んできたのであるが、村野は、イズムとか、主義とか、そういったものに意識の向かわない人であった。

ジョサイア・コンドルや辰野金吾によって確立された明治洋風建築のあと、ヨーロッパにおけるアール・ヌーヴォーから機能主義モダニズムへと向かうさまざまな運動の影響があり、同時に伝統を継承する和風建築の再評価があった。そういった日本文化が近代化する過程の葛藤を、どの様式に肩入れするということもなく、そのまま精魂込めて建築化したのが村野藤吾である。

大工も、刀鍛冶も、さまざまな工芸職人も、日本人はものづくりに魂を込める。その意味で村野は日本的な建築家であり職人的な建築家である。外来文化に対する素直な受容力と、それを和化する力（日本的に和ませる）こそが日本文化の真髄であるからだ。

たしかに、前川や丹下などによって進められたル・コルビュジエ風モダニズムの主潮流から見れば、村野は「時代遅れ」であったかもしれない。しかし彼は、その後のモダニズムの揺れ動きに動じることなく自己の作風をつらぬいて、むしろ「時代を超えた」感があるのだ。

目黒区役所＝旧千代田生命ビルは、アルキャストの繰り返しによるファサードはモダンであるが、玄関まわり各所の造形は洋風で、特に階段まわりが村野らしい。しかも内部に和風が組み込まれている。

洋風に見る日本の王朝美学

晩年の村野がこだわったのは、時代の逆風を受けたように「洋風」である。

しかしそこには、ヨーロッパ建築の華としての大聖堂や宮殿がもつ豪壮感がなく、不思議な柔らかさがあり、花鳥風月的な雅のモチーフもあり、そこはかとない哀愁さえも漂っている。和風建築なら、王朝時代の「もののあはれ」から中世の「侘び寂び」につながる数寄屋（茶室）文化を反映するのは当然だが、村野の場合は、洋風の方に王朝美学の優美さが現れ、和風の方に中世的な侘びの厳しさが現れるように思える。

よく女性的な造形といわれる。

それは今述べた王朝美学の点からもまちがってはいない。

しかし女性の評判がいいかというと、案外、そうでもない。

実は僕がこれまでに耳にした村野建築に対する三つの批判はいずれも、建築界の人ではないが、建築に造詣の深い女性からのものだ。

「村野さんの数寄屋は真面目すぎて料亭には向かない」

「日生劇場のあこや貝の天井は生理的に受けつけない」

「新高輪プリンスホテルの装飾は少女趣味ではないか」

いずれもハッとするような、男性の特に建築界の人間には思い至らないような批判であるが、ポイントを突いている。しかしそれはそれぞれの「好み」の問題であって、建築家としての村野を傷つけることにはならないと思われるのだ。

設計者としての経歴が長いので、作品の数は多い。

関西を中心とする店舗、事務所、ホテルといった商業建築が多く、丹下作品のように国家的な記念碑的なものと比較すれば、いわば卑俗な建築である。「えっ、これが村野作品？」というようなものもある。そういったところに建築家の才能を見出し仕事をさせていくことに、関西財界人がもつ、文化的な旦那としての反骨と力量が現れている。これは安藤忠雄にもつうじることだ。

もう一方に白井晟一

日本建築界稀代のスーパースター丹下健三（一九一三〜二〇〇五）に対峙するカリスマとして、もう一方に白井晟一（一九〇五〜一九八三）がいる。

京都高等工芸学校の図案科を出てベルリン大学で哲学を学ぶという、つまり建築家の範疇を超える履歴である。戦後日本の主流となった機能主義モダニズムに対峙する姿勢をつらぬいたという点では村野に並ぶのであるが、村野以上に伝統の力を意識し、和風と洋風をほぼ区別なく扱った独特の建築家だ。東京では松濤美術館が知られている。

図案と哲学を学び、装幀（中公文庫の表紙）や書を手がけていた。村野が徹底して建築に魂を込めたとすれば、白井はむしろ、彼の造形哲学の対象のひとつとして建築を扱ったといえる。

丹下健三には、前方に村野藤吾、側方に白井晟一、後方に篠原一男が対峙しているという感がある。篠原については後述するが、いずれもカリスマだ。丹下を中心とする日本の主流モダニストの社会的な力（権力といってもいい）の強さがそうさせるのか。つまりカリスマとは、時代に流されず、権力におもねらず、自己をつらぬくことによって、周囲に神秘的な影響を与える人物のことだ。白井と篠原には、そこに独特のナルシシズムが加わるが、村野にはあまり感じないのは職人的な性格が強いからだろう。

村野作品を実体験する僕のお薦めは、洋風なら箱根（芦ノ湖）プリンスホテル（東京から近い）、和風なら京都佳水園（現在ウェスティン都ホテル京都の一部）、モダンなら広島の世界平和記念聖堂（これは名作）である。

雷門と日本橋——哀しみの底流・脱自動車都市へ

火災とコンクリート

浅草雷門（風雷神門）

北斎の絵には、心を掻き立てるようなドラマがある。広重の絵には、心を落ち着かせるような旅情がある。

その広重の『名所江戸百景』を見ていて気がついた。江戸から東京まで変わらずに続く象徴的な景観がひとつあるのだ。浅草の「雷門」（正式には風雷神門）である。

大きな赤提灯から宝蔵門（昔は仁王門）を見通すアングルは現在と変わっていない。しかし広重の描いた雪景色（一八五六年）には、大きな赤提灯に「志ん橋」と書いてあって、現在の「雷門」と書いてあるのとは違っている。何度か火事にあっているのだが、最初はやはり「雷門」であったようだ。

最後の火事（一八六五年）で焼けて、一九六〇年に松下幸之助の寄進によって、門が再建されたときに、もとに戻したものと思われる。「志ん橋」（新橋の組合からの寄贈）の提灯は、浅草寺本堂（聖観音堂）に新しく吊るしてある。門も提灯も、火事には焼けるが、そのあともともとどおりに見えるようにつくって、洋風にもモダンにも染まらず、江戸を保っているのだ。

長屋のように同規格の店舗が並ぶ仲見世は、関東大震災のあと鉄筋コンクリート造で再建されたものだが、江戸時代から続いた自然発生的な店舗の感覚を、あるいは祭礼時によく見られる仮設の屋台の感覚を残したのだろう。

実は、松下の寄進による現在の門も鉄筋コンクリート造であるが、観光客はまったく気にしていないようだ。木造でつくって火事で焼けて、を繰り返すのと、コンクリートで燃えないようにつくるのとどちらがいいか、微妙な問題である。

コンクリートで木造風につくるというのは、いわばフェイク（偽物）だ。しかし「本物」とは何かと問われれば、なかなか難しい。建築は、時に応じて変化するもので、復元ではどの時代に戻すのかが常に議論されるが、「本物」とは、必ずしも最初のものではなく、時代の空気の積み重ねがつくるものだろう。

たとえコンクリートであっても、雷門は江戸から東京に続く最大の「名所」の地位を譲らない。

猥雑な部分

都市には必ずといっていいほど、猥雑な部分がある。

誰が見ても美しいと思う整理された地区と、人によっては眼を背けたくなるような猥雑な地区があり、その「猥雑」のない管理されすぎた都市には魅力がない。人間も同じだろう。

一般に繁華街というのは、さまざまな店舗で賑わっている商業地（英語圏ではダウンタウン）を指すのであるが、綺麗なショッピングモールやグルメタウンとは少し切り離されて、酒場、風俗、賭博、あるいはストリップなどの見世物（最近はあまりない）が集まる場所がある。昔は歓楽街と呼ばれたが、今はこの言葉がピンとこない。ここではそういった地区を「猥雑街」と呼んでみたい。

これは主として景観上の表現だが、内容的にも猥雑で、人間の生の欲望が取引され法の網をかいくぐるので、場合によっては無法者が跳梁跋扈するのが世界の現実だ。網野善彦が『無縁・公界・楽』で書いた中世都市のアジール（権力の管理が及ばない地区）「宿《しゅく》」に近い感覚である。浅草はその猥雑街の代表であり、歴史的伝統を有する、いわばその筋の権威である。

古くからの門前町であるが、もとは港であったという。

明暦の大火（一六五七年）以後、吉原が人形町から浅草に移って新吉原となり、遊郭の街となった。そして江戸の末期、中村座の火事（一八四一年）で人形町の多くの小屋が焼けたおり、江戸の芝居小屋を浅草に集めたので猿若町と呼ばれる芝居町となった。

天保の改革を進めた水野忠邦は、いわゆる「悪所」を浅草に集め、江戸城下の外側に隔離しようとしたのだ。逆にいえばこの時点で浅草は、参拝と遊蕩と見世物が合体した江戸の「猥雑街」としての公的な権威を獲得したともいえる。昔は伊勢神宮の外宮と内宮のあいだにも遊郭と芝居小屋がひしめいていたというから、神仏の参拝（崇高）と猥雑は仲がいい。

浅草は江戸の東北すなわち「鬼門」である。つまり風神雷神が護る雷門は鬼が通る門でもあった。その反対側、南西の方角は、東海道という昔からの日本の都市軸＝文明軸である。つまり江戸と東京にとって、東北は、魂の力、地の力といった「風土力」の方角で、南西は、理の力、知の力といった「都市力」の方角であるが、それは浅草の存在によって、より決定的になっているのではないか。

とはいえ南西の方角は「裏鬼門」でもあり、初期の徳川幕府が警戒したのはむしろ西の都市力であった。そこで鬼門には寛永寺、裏鬼門には増上寺を配して江戸を守護しようとしたのだが、天保の改革のころには、江戸の規模が大きく広がっていた。

高倉健とビートたけし・哀しみの底流

浅草で「ロック」といえば、軽音楽のジャンルではなく「六区」という地域を指す。雷門から本堂に至る参道が「表」とすれば、「裏」ともいうべき西参道周辺であり、もとは明治期の区画整理の番号であった。そこに演芸場、ストリップ劇場、映画館などが建ち並び、すっかり猥雑な歓楽街の代名詞となったのだ。

十二階も浅草の名物であった。これは煉瓦造の展望タワーで、正式には「凌雲閣」（一八九〇年）という。パリのエッフェル塔（一八八九年）のすぐあとに建設され「日本のエッフェル塔」といわれた。五重塔は登れないし、天守閣は特別な人に限られていたので、日本人にとって、高い建築の上から眺望を獲得する初体験であった。煉瓦造であったため関東大震災で崩壊したが「じゅうにかいは怖い〜」というしりとり歌があったから、庶民感情は的確であったといえる。

もう一つの名物は電気館（一九〇三年）であった。これは映画館のことで、それまでは映写機を持ち運んで上映したのが固定されて専門劇場となった。浅草を皮切りに全国各地に電気館ができ、やがて映画館に名称変更した。そして戦後は、松竹歌劇団（ＳＫＤ）の国際劇場や、ロック座、フランス座などのストリップ劇場が名物となる。その意味で浅草は「大衆ヴィジュアル革命」の歴史を語ってもいる。

唐獅子牡丹

さて京都（清水）でも、大阪（野崎）でも、名古屋（大須）でも、観音様と芸能は縁が深い。もともと芸能は神仏に捧げられる面があったが、観音は「観＝視覚」と「音＝聴覚」を意味するからか。そして浅草ゆかりの芸能人といえば、少し前の世代はエノケンとロッパ、僕らの世代は高倉健とビートたけしを思い起こす。

なぜ高倉健かといえば、映画『昭和残侠伝』の主題歌「唐獅子牡丹」の中に「幼なじみの観音さまにゃ～中略～曲がりくねった六区の風よ」と出てくるからだ。ビートたけしは、萩本欽一と並ぶ、浅草から出てテレビで成功した芸人として知られ、『浅草キッド』という本も書いている。

高倉は、義理人情に厚く徹頭徹尾善人であるがゆえに世間と折り合えない役柄の映画スター、たけしは、むしろ世間の裏をかくような毒を含む芸風のテレビタレント。逆のようで、どことなく共通する人間的魅力がある。俠客風なところと、自らを社会の下層に置いた目線であろうか。人を斬ったり、人を笑わせたり、そういった行為の奥に、何か日本の風土に脈々とした「哀しみの底流」を感じさせるのだ。

人間は、学術や芸術において、高みに昇るための純粋さが求められる。しかし実生活において、その緊張を解きほぐす猥雑さも求められる。純粋と猥雑は、相反するのではなく、補完する関係なのかもしれない。

純粋でも猥雑でもない人間には面白味がない。

家康が架けた日本の中心

東京の日本橋、大阪の心斎橋、名古屋の納屋橋、ヴェネチアのリアルト橋、フィレンツェのポンテ・ヴェッキオ、すべて名だたる商業地である。古来、都市は川沿いに発達する傾向があるが、その川を渡る橋の周辺は、交通の要として繁華街となる。しかし日本橋はそれだけでなく、この細長い列島の道路網の中心だ。

「お江戸日本橋七つだち初上り〜」と歌われた。「七つ時（午前四時）に日本橋を発って人生で初めて京都へ向かう」という意味である。日本橋と京都が東海道の両端で、京へ向かうのが「上り」であった。政治の中心は江戸であったが、文化的には京都に上位を譲っていたのだ。現実に徹する、それが徳川政権の強さだろう。

徳川家康は、関ヶ原に勝って江戸城建設に着手すると同時に、東海道、日光街道、奥州街道、中山道、甲州街道という五街道を整備し、その中心となる地点に木造の太鼓橋を架けた。これが日本橋で、江戸城のいわゆる天下普請*は、日本橋の架橋のあとにも続くのであるから、この列島において「京に代わる江戸」という意識が芽生えたのは、日本交通網の中心たる日本橋からといえる。

また関東平野は「坂東太郎」と呼ばれる利根川の沃野であるが、徳川政権は、河口を江戸湾から銚子に移すという大々的な利根川東遷事業に取り組んだ。目的は治水とともに農地開拓である。人口が増えるに従って上水が足りなくなるが、井の頭池を水源とする神田上水を整備し、さらに玉川上水を整備する。

つまり現在の東京を支える都市基盤の整備は、家康と初期徳川家による「水」のコントロールから始まったといえる。これに比べれば、明治以後の政治家たちは何もしていないに等しい。

天下普請：各地の大名に江戸城各部分の工事を請負わせる。

さらに、江戸城の天守は明暦の大火によって消失し「街の復興を優先すべし」という保科正之の意見によって再建されなかった。この意見が通ったのは、街すなわち経済の優先が、神君たる家康の精神でもあったからだろう。つまり江戸という都市は、政治の中心でもあったが、それ以上に、日本列島における、人、物、情報の交流の中心であった。さらにその中心が日本橋であり、その界隈には呉服商や両替商が建ち並んで、この国の経済を動かしていたのである。

交通網と商業地の変遷

明治になり東京になっても、しばらくこの事実に変化はなかった。

事情を変えたのは、文明を象徴する交通機関としての鉄道であり、大日本帝国の中心として建設された東京駅である。

ちょうど東京駅の工事中（一九〇八～一九一四）の一九一一年、日本橋は石造の二連アーチ橋に架け替えられている。これが現在に残るもので、麒麟と獅子の見事な彫刻に飾られているが、その装飾監督は、東京駅を設計した辰野金吾のライバル建築家、妻木頼黄であった。つまりこの時点で、日本橋と東京駅は、日本列島の交通網の中心として、ライバル関係にあったといえる。

しかし文明の進展とともに、鉄道網は発展し東京駅の地位は高まり、道路網の中心としての日本橋の地位は低下する。また、商業中心としての地位も、江戸の空気が残る日本橋より、文明開化の空気に満ちた銀座の人気が高まった。舶来品を並べた店舗には、新しく形成された山の手の中産階級が集まり、ウィンドウショッピングという一種のレジャーが流行する。いわゆる「銀ブラ」だ。

昭和になると、東京の西の林野であった武蔵野が住宅地として発展し、都心のビジネス街と郊外の住宅地を結ぶ多くの鉄道が敷かれ、渋谷、新宿、池袋といった山手線との乗換駅が商業中心地として成長する。江戸時代における「の」の字型の発展（前述）が、さらに延伸して「ナルト」型に発展したといっていい。新しい住宅地から遠くなった銀座は、日用品店の地位は譲っても高級品店の地位は譲らなかったが、日本橋にはこれといった看板がなく、次第に客を失っていった。

つまり東京の商業地の動向は、時代に応じた交通システムとともに変化していることに気づく。今は、インターネットという新しい交通システムが出現し、ネット通販が活況を呈しているのだ。

太平洋戦争のあと、日本はモータリゼーションが進み、道路網の重要性が復活するが、高度成長によって東京は交通渋滞が激しくなる。そしてついに、一九六三年、われらが首都の上空は、高架の道路網に覆われることになる。東京オリンピックに向けて、東海道新幹線、名神高速道路と、交通インフラが猛烈な勢いで建設された時期である。日本橋は、その頭を首都高速の橋桁に抑えつけられる無残な姿となった。「里程元標」すなわち「全国の道路の距離計測の起点＝日本の中心」としての威容を誇るとは、とてもいえない姿である。欄干を飾る麒麟と獅子の彫刻も、何か強い怨念を放つように行き交う人を睨みつけている。

東京の住民は、騒音と粉塵と排ガスを撒き散らすトラック（現在はかなり制限されている）の車輪の下に住まざるをえない。高層マンションの窓を開けると「ゴー」という暗騒音が聞こえるが、主たる音源は首都高速である。遮るものがない音はどこまでも進み、むしろ高層階ほど響くのだ。こんな都市は世界のどこにもない。自動車文明の象徴たるアメリカのハイウェイもドイツのアウトバーンも、自動車専用道路は、注意深く街を避けて計画されている。

この時期この国は、都市というものを、人間と文化の空間ではなく、産業の空間としてしか考えなかった。あのフランク・ロイド・ライトの名建築、帝国ホテルもためらいなく取り壊された。都市の文化を破壊したのは、震災より、戦災より、高度成長だったのである。天の意志でも、アメリカの意志でもなく、日本人自身の「経済成長という意志」だったのである。

新しい都市モビリティ（＝脱自動車）の象徴

東京圏の一極集中が進むとともに、商業地は郊外から首都圏へと広がり、川崎、横浜、町田、立川、大宮（さいたま市）、松戸、市川、船橋といった周縁都市に拡大している。しかし近年、湾岸地域の開発によって、都市化の動きが東の海岸部に向かいつつもある。さらに最近は、江戸期の繁華街であった人形町、小伝馬町、茅場町といった地域にも商業地、住宅地としての活力が戻りつつあり、その中心としての日本橋が再び脚光を集めている。

これまで外へ外へと向かっていた「の」の字型、ナルト型、という発展の先端が内側に向かいつつあるのだ。その原因は、湾岸開発とともに、建築の高層化にある。エレベーターが交通機関の役割を担っているからだ。東京の交通は、地下鉄（水平）とエレベーター（垂直）が主役となり、エスカレーターやムービングウォーク（動く歩道）がそれを補助し、低公害の軽量車が動きまわるようになり、つまり自動車が主役ではなくなりつつある。

近年、日本橋の惨状を改める運動が展開され、これに乗った小泉純一郎首相（当時）は、高速道路の架け替えを唱えたが、これにはとてつもないコストがかかる。石原慎太郎都知事（当時）はむしろ日本橋の位置をズラすべきだと発言した。

そのどちらでもない方策はないだろうか。都市における自動車交通そのものを考え直すことから始めるべきではないか。僕は何度か都市計画規模のプロジェクトに関わってきたが、自動車というものが都市に与える負担は、その占有面積、排ガス、騒音、事故のストレスを総合して、きわめて大きいのだ。また個人的な体験もあって、僕は自動車というものをあまり好きではない。

現在、首都高速道路は老朽化し、そのメンテナンスに相当のコストがかかる。とはいえ、取り壊すわけにもいかない。これからの首都高速は、自動車というより、自転車も含めた低公害軽量車専用にすべきではないか。

トヨタ自動車は、新しいモビリティの開発は都市そのものから始めるべきだとして、富士の裾野（静岡県裾野市）に実証都市「Woven City＝織られた都市」を計画しているが、東京という大都市においては、首都高速道路がそういった新しいモビリティの、たとえばデュアル・モード・

ビークル（軌道上走行と自由走行を兼ねる車）などの格好の実験用インフラを提供するのではないか。

世界は新しいモビリティに向かっている。

温暖化ガスの問題がクローズアップされる今日、日本橋は、高度成長期とは逆に、脱自動車（＝次世代交通）都市の象徴として考えるべきだろう。

安藤忠雄の「壁」——地球に刻印した男

安藤忠雄という建築

安藤忠雄の壁は、天と地のあいだに、光と風と水を踊らせる。

ここでは一つの建築に代わって、安藤忠雄という人生を扱ってみたい。

デビュー作は「住吉の長屋」という小さな住宅で、初めてその写真を見たときの鮮烈な印象を今も忘れることができない。窓のないコンクリートの壁は牢獄を連想させたが、それにもまして力強さと美しさがあったのだ。

しかしまさか、これほど普遍的な、世界的な建築家になるとは、思いもよらなかった。誰もが彼を「異端の建築家」と考えたのだ。つまり安藤忠雄ほど、その人生がドラマになる建築家は滅多にいないのである。

そこに顕現する「空間力」の源泉は何であろうか。

まず、彼の作品を圧倒的に特徴づける「美しいコンクリート」について考える必要がある。セメントと砂と砂利に水を加えて乾燥凝固（水和反応）させるコンクリートは、古代ローマ以来、西洋建築の基本的な材料（構法というべきか）であったが、たいていはその上に石が積まれた。それが近代的なものとなったのは、鉄筋によって補強されるようになってからであるが、その上に石やタイルを貼ったり、塗装したりしては、単に構造技術の革新に過ぎない。建築家にとっては、そのまま仕上げとなる「打放し」が理想なのだ。オーギュスト・ペレという先駆者のあと、あのル・コルビュジエが使うことによって「打放し」はモダニズムの象徴的な手法となったのである。しかし一般には「工事中のよう」と評判が悪く、前衛的な建築が社会に受け入れられにくい一因となっていた。

安藤は、三尺・六尺の規格のベニア板コンクリート型枠の継目と、それを止めるセパレーターという金具の跡を、完全に整理して意匠とした。鉄骨のリベットをデザインするようなものだ。普通こういうところは構造と施工の技術範囲で、建築家の意匠の範疇ではなかったのであるが、安藤は、型枠大工に宮大工と同じ精度を求め、まったく新しいデザインに一変させたのである。つまり彼のコンクリートは、ローマ以来の西洋の組積の伝統技術と、日本の木造の伝統技術と、ル・コルビュジエの前衛造形とが生み出したハイブリッドなのだ。

コンクリートの打設は、やり直しのきかない一発勝負である。モルタルでの補修を許さない建築家の「打放し」はなおさらだ。安藤の若いときは事務所員総出で型枠を叩いたという。竣工後年月を経て傷んだところには自ら修復に出かけたという。安藤のコンクリートには、彼の魂が打ち込まれている。

したがって安藤の建築においては「壁」が主役である。

日本は木の文化の国であり、木造建築においては、柱と梁と屋根が主役で、そこに襖や障子がはめ込まれる。どちらかといえば、壁は脇役であった。安藤によって、日本建築は初めて、西洋の石造建築に匹敵する壁を獲得したのだ。

そしてその完璧に打ち込まれたコンクリートの壁によって、安藤は自然空間を詩的に切り取った。建築に庭の緑を加えるのは誰でもやることだが、安藤はそこに、光と風と水を参加させ、外部と内部を融合して、写真のカットのように美的な空間を創出してみせる。彼の壁は、単に生活空間を囲む壁ではなかったのだ。「水の教会」「風の教会」「光の教会」の教会三部作は、名前のとおりその典型だが、特に「光の教会」における、壁を端から端まで切り取った十字を漏れる光は、素朴なコンクリートの箱に、みごとな神聖を付加して、代表作の一つとなっている。

光の教会内部（安藤忠雄展より）

安藤建築の壁は単に存在するのではなく、創作物として「実在」している。

底辺から頂点へ

安藤は大学の建築学科を出ていない。

これまでの日本の主たる建築家は、いくつかの有名大学建築学科の出身者で占められ、その点で、安藤の履歴は「底辺から」といっても過言ではない。職人たちの仕事（特に木工）を見て育ち、若いときはボクサーであった。

建築家に目覚めてから、ル・コルビュジエに会おうとシベリア鉄道を使ってヨーロッパに渡る。しかしコルが一足先にこの世を去ったことを知って、そのままヨーロッパの建築を見てまわり、インドに立ち寄って帰国している。この旅が、彼の原点だろう。「ひたすら歩いた」と自伝に書いている。僕も、同じような年齢のときに同じようなことをしたので、共感を抱いている。

その安藤が東大の教授に就任したのは、もちろん事件であった。

大阪で育ち、関西人の信頼によって設計を続けてきた安藤にとっても冒険で、サントリーの佐治敬三が背中を押したという。「東大の教授は東大出」というのが暗黙の原則だが、安藤は大学さえ出ていない。しかしそのことがかえって彼を特別視させることとなった。

日本建築界にとって、東大の主たるプロフェッサー・アーキテクトは、一種特別な存在である。重要な建築は公共すなわち「官」の仕事が多く、日本官僚社会の権威としての東大教授には、大きな責任と権限が与えられる。「民」の仕事がほとんどで、みずから「都市ゲリラ」と称した安藤にとっては大きな転換であった。

つまり、東大教授となることによって、安藤はビューロクラシーの頂点に立つと同時に、その異色の経歴によってポピュリズムの頂点にも立ったのであり、いわば現代日本を支配する二つの権力を手に入れたといえる。東京駅を設計した辰野金吾、代々木競技場を設計した丹下健三と並ぶ、歴史的な存在となった。

海外での評価も高い。

今や「安藤のように美しいコンクリート」が世界の常識である。もちろん木やガラスや石といった、コンクリート以外の素材にも、安藤らしい「力強さ」がやどっており、イタリアなどの歴史的街並みにも、発展途上の荒涼とした風土にも、よくマッチする。むしろ日本よりマッチする。プリツカー賞をはじめとする数々の賞も、世界各地の美術館からの依頼も、またピューリッツァーや、ベネトンや、アルマーニといった機関からの依頼も、日本的な趣味や技術に対するものではなく、普遍的感覚的なものに対する評価からである。

だが、そういった社会的な力の頂点に立つことが、建築家にとって本当にいいかどうかは別の話である。本人は、成功者としてのシンデレラ・ストーリーを嫌って、悪戦苦闘を強調する。分からないこともない。安藤は常に異端児であり、挑戦者でありつづけたいのだ。そして執念のコンクリートを、渾身のストレート・パンチを打ちつづけたいのだ。内心では、東大教授の役割に矛盾も感じていただろう。しかし教授会には出なかったが学生は熱心に指導したという。

あれだけの数の作品を残し、様式が変化したわけでもないのに、不思議なほどマンネリ化しない。方法論が明確で、一つひとつの空間クオリティが落ちないからだろう。しかし頂点に立ってからは、若いときの「住吉の長屋」や「光の教会」のような「魂の凄味」が希薄になっているように思えるのは、やむをえないことであろうか。時に、大きすぎる壁が人を隔てるとして批判されることもある。

新国立競技場問題

近年、新国立競技場の国際コンペで選ばれたザハ・ハディドの案が白紙撤回され、審査委員長であった安藤忠雄も批判の矢面に立たされた。

たしかにあの案は、あの場所には大きすぎる感があり、反対運動は決して理のないものではない。しかしそれが環境保護団体ではなく建築家によって提起され、東大関係者によって拡大されたことに僕は違和感を抱いた。これを「東大の内紛」と呼ぶ専門家もいる。

建設コストに関しては、東日本大震災の復興とオリンピック施設建設が重なることによって、職人が払底し、通常の積算では入札不調となるケースが続出していた。しかしテレビのワイドショーなどでは、そこまで議論できていなかった。マスコミが建築界の問題を取り上げるときに陥りがちな「センセーショナリズムが技術正当性を捻じ曲げる」という現象が起きていたのだ。

あるテレビ局のディレクターにその話をしたら「若山さん、今テレビカメラの前でそんなこと言ったら袋叩きですよ」といわれた。そんなわけで、表立ってではないが、僕はこの問題について常に安藤の肩をもつ発言をしてきた。ザハの案が実現していたら、もちろんデメリットもあるだろうが、歴史に残る世界的な建築になっただろう。

新国立競技場問題は、少なくとも安藤忠雄の建築家としての価値を傷つけるものではない。これに関してまともなコメントを出したのは、審査員の一人であった内藤廣と、海外の建築家と交流の深い磯崎新であった。

結局、首相自らの白紙撤回宣言によってこの問題は官邸主導となり、二回目のコンペは東大主体で行われ、隈研吾が設計者に決まった。「予定どおり」という事情通もいる。

安藤忠雄の比較的後年の作品では、直島の「地中美術館」(二〇〇四年)がいい作品だ。見終わって、若いときのパワーが蘇ったような気がした。彼のコンクリートの壁は、何よりも大地と一体であり、地の底から湧き上がってくるような情念の幾何学なのだ。

安藤忠雄は地球に刻印したのである。

トッズ表参道店――伊東豊雄・風の建築家

風のように

青山通りから、明治神宮に向かって、表参道を歩く。歩道が広いので、欅並木の葉を揺らす風が心地良く、自動車の騒音や排気ガスをほとんど感じさせない。

浅草の仲見世が下町ならこちらは山の手、東京が誇る新旧二つの参道として対照的だ。仲見世が江戸時代の長屋のように一つの建築に土産物屋が並び入っているのに対して、表参道は世界のファッション・ブランドがそれぞれ現代建築家に設計を依頼した個性的な店舗が建ち並んでいる。丹下健三、黒川紀章、安藤忠雄、伊東豊雄、妹島和世、隈研吾、その他外国人も含めて、有名建築家の作品が目白押しである。

ショッピング・ストリートとして、シャンゼリゼー（パリ）や五番街（ニューヨーク）に対抗するのは、長いあいだ銀座であったが、今では表参道というべきだろう。知名度ではまだ一歩譲るものの、建築と並木と人の量と心地良さに関しては、すでにシャンゼリゼーも五番街も凌駕しているのではないか。
　日本橋は江戸以来の呉服屋と両替商の街であり、銀座は明治から大正にかけて発展した舶来品の街であった。表参道は明治天皇没後その神宮への参道としてつくられたのが、戦後の高度成長期を経て次第に賑やかさを増し、特に平成時代になってから高級ブランドの街に変貌した。また少し離れて竹下通り、キャットストリートなどに、若者用の店が祭り屋台のように群をなしているのも面白い現象だ。

　さて表参道に軒を連ねる建築家の作品の中でも今回は、伊東豊雄の「トッズ」という革製品の店舗を取り上げたい。

トッズ表参道

　周辺の欅を映したような樹木の形をしたコンクリート面と、そのあいだを埋めるガラス面がピタリと突き合わされて、建築自体がくっきりとしたオブジェとなっている。従来の建築の基本となる柱、梁、壁、窓といった構成を完全に打ち破った意欲的な試みだ。同じコンクリートでも、型枠の継ぎ目とセパレーターを意匠化して建築の基本構成を外さない安藤忠雄とはまた異なる美意識である。内部は大きな吹き抜け、というより、ハンドバックなど革製の商品を見ながら自然に階段を上がる仕組みである。

独創的だが、奇をてらったという印象のない、自然な建築で、僕は、このさりげなさに好感をもっている。

伊東は、その少し前、仙台のメディアテークという建築（実際には図書館と考えていい）を設計している。細い鉄柱をメッシュ（網）状に編み合わせて、大小いくつかのチューブを構成し、梁のないフラットなスラブを支える柱とし、そのチューブの内部にエレベーターや階段や設備系統を組み込んで、それ以外の部分は自由空間としている。つまり壁となるところがまったくない、徹底してオープンな建築である。

これは、伊東のそれまでの建築原理を集約したものと理解していい。

「東京遊牧少女のパオ」というプロジェクトを発表し、横浜の排気塔の設計を「風の塔」と名づけ、建築というものの重厚な存在感を否定するかのような、軽く、柔らかい、透けて見える、あたかも移動可能な、そういった建築を目指していた。

建築が固定的な権力の象徴となることを避けようとする姿勢からくるのであろう。「反体制」が時代の空気でもあった世代の特徴でもあるが、引揚者でもあり、スポーツマン（高校時代は野球のピッチャー）でもあった伊東の性格でもあろう。伊東豊雄には、権力、権威、根性、魂といった言葉は似合わない。そして何よりも野球のボールがふわりと投げられたような「風」を感じさせる。作品はもちろん、その風貌も、その話し方も、伊東には「風の建築家」という言葉がふさわしい。

仙台のあと、伊東の建築は何か吹っ切れたように、自由に、動的に、意匠的になっている。むろん取ってつけたような意匠ではなく、構造と意匠の融合が、それまでの建築にない洒落た美しさを実現している。トッズはその一例だが、似た概念の作品に銀座のミキモトがあり、ピンクの外壁が印象的である。近年は台湾でも、意欲的な作品を発表している。

そのトッズからゆるい坂を下って、明治通りとの交差点を過ぎ、坂を上り、まっすぐ行けば代々木公園、右へ行けば明治神宮、そして左手には、丹下健三が六四年の東京オリンピックのさいに設計した国立屋内競技場が建つ。伊東のトッズが「意匠が構造に」反映されているなら、丹下の競技場は「構造が意匠に」反映されている。

戦後復興期の日本では、国家が建築家のパトロンであった。

経済成長期の日本では、大企業と自治体がパトロンであった。

そして現在では、世界のファッション・ブランドがパトロンなのだ。

国家は、建築に権威と伝統と近代化の象徴を求めた。丹下健三はそれに応えた。

大企業と自治体は、建築に機能と性能とコストのバランスを求めた。日建設計などの組織設計体はそれに応えた。

世界のブランドは、建築に突出した美意識を求めた。安藤忠雄、伊東豊雄、妹島和世などはそれに応えた。

生命力の本源に向かう

ル・コルビュジエが「住宅は住むための機械である」としたように、モダニズムは、豪壮な石造建築の様式を否定し、機能に基づいて形を決めることを目指した。工業化時代の建築である。一九八〇年代、モダニズム建築の単調さに飽きた社会は、ポストモダン（近代のあと）の建築を求めた。工業化時代に代わる情報化時代の建築が模索された。一方で歴史的な形態に回帰する傾向が見られ、もう一方で新しいハイテク技術を使った、軽快で変化に富む形態が追求され、極端なものは、近代主義を脱構築する（ディコンストラクティビズム）とさえいわれた。新国立競技場で話題となったザハ・ハディドはこの典型である。

伊東もまた後者（ハイテクによって自由な形態を追求する）に属する建築家とみなされていた。彼の建築は常に、普通の意味での「柱・梁・壁・窓」といった要素を拒否し、作品そのつど、まったく新しい構成を提示する。

彼の建築は、コンピューターや複雑系の理論や数学的アルゴリズムといった概念とともに語られることが多いのだが、僕は最近、伊東の建築が生命体の構成に近づいているような気がする。

一つの生命体が、卵から孵化し、徐々に形態形成する過程のような建築だ。

僕は長いあいだ、風土的な建築様式の研究を続けてきた。

伊東の建築は、中央アジアの草原を移動する「皮膜式（テント構造）」の様式、あるいは熱帯雨林に多い鳥の巣のような「編成式（柔らかい草や蔦を編む）」の様式に近い。つまりヨーロッパの石造建築、日本の木造建築といった本格的な様式の周縁にある風土的な様式であり、それは生物の形態に類似しているのだ。

伊東の作品を見ていると、モダニズム以後の建築が、歴史回帰でもなく、ハイテクでもなく、脱構築でもなく、むしろ生命体に向かうような気がする。ひょっとするとわれわれは、情報化社会でもグローバル社会でもなく、「生命回帰社会」に向かっているのではないか。

もちろん科学技術は常に前進して止まないのだが、だからこそ逆に、人間の精神は生命力の根源に回帰しようとするのではないか。人類は都市化する動物であると同時に、その反力をもつ動物なのだ。

伊東豊雄は、そんなことを感じさせる建築家だ。

風は吹いている。生命の根源に向かって。

すみだ北斎美術館――北斎の天分・妹島の天分

北斎の天分

葛飾北斎は恐るべき画家である。

妹島和世は素晴らしい建築家である。

その組み合わせになる「すみだ北斎美術館」はどうだろう。

僕の好きな組み合わせだから、楽しみにして観に行った。小さな公園を前庭にした外観はさすがに迫力があって心が躍る。狭い隙間のようなところから中に入るのもいい。だが入り口ですぐにやや雑な空間だと感じる。エレベーターを主とした導線も美術館には向いていないように思う。展示にはいろいろ工夫がされていて、それなりに楽しめるが、同じ設計者による金沢21世紀美術館のような、建築の基本的な構成と展示空間のみごとな融合は感じられなかった。

すみだ北斎美術館

実のところ、現代建築家として安藤忠雄と伊東豊雄を取り上げたので、次は妹島和世をと考えたのだが、これをその作品として紹介するのがいいかどうか迷っていたのだ。しかしこの北斎と妹島という絶好の組み合わせを放っておくわけにもいかない。

北斎は晩年に驚くべき跳躍をした。

自身「七十歳までに描いたものは取るに足りない」と言ったが、たしかに「富嶽三十六景」を描いてからと、それまでの作品とでは雲泥の差がある。そして九十歳で没したが「あと十年、いや五年あれば真正の画工になれる」と言った。今のように誰もが長生きする時代ではない。すさまじい生命力と創作欲である。

建築家でも、オットー・ワーグナー、フランク・ロイド・ライト、ル・コルビュジエなどは、晩年に、それまでの作風とは違った傑作を残している。天才とは、晩年に衰えないばかりでなく、予想もつかない進化を遂げるもののようだ。

僕は他の浮世絵師にはない北斎の天分として「アングル、人の動き、ドラマ性」があげられると思う。

「富嶽三十六景」で示した人の意表を突くアングルは、近景に人々の暮らしを、中景にその場所の風景を、遠景に富士を描き、日本人の生活と列島の風景を融合させた一つの文化を再構成したのだ。そしてそれぞれの職業に従事する人物の描写が的確で、何よりも動きが感じられる。晩年の絵にはドラマ性が強く、これは読本、特に滝沢馬琴の挿絵を描いたことにもよるのだろう。馬琴のストーリーには幾分か怪奇性があり、北斎の絵とよくマッチした。

アングルの奇抜さは広重にも、ドラマ性は国芳にもあるが、どちらも北斎の影響を受けているようだ。

この機会に、浮世絵と建築の関係を考えてみたい。

同じ絵画でも、西洋と東洋ではずいぶんと様子が異なるのだ。

西洋では古来、文字も、絵も、建築に組み込むものであった。レリーフ（浮彫）を基本に、モザイクタイルや、フレスコ画や、ステンドグラスが発達した。しかし東洋では、中国で早くから紙が発明されていたため、文字も絵も紙に筆で書く（描く）ものであった。そのため西洋の絵は色彩そのものを塗りつけるのであるが、東洋の絵は筆による線描が基本であり、これが浮世絵の技法につながる。

したがって、西洋では画家と彫刻家が近い関係にあり、東洋では画家と書家が近い関係にある。ダ・ヴィンチやミケランジェロなどの画家兼彫刻家の存在、蕪村や鉄斎などの文人画家の存在がそれを示す。

つまり西洋の絵画が、永続的な建築空間の一部として、数百年にわたる多人数の視線を意識して、強く、大きく描かれるのに対して、日本の絵画は、耐久性の短い木造建築の内部に、床の間の掛軸や巻物など、私的で即時的な視線を意識して、柔らかく、小さく描かれる。特に浮世絵は、量産を目的とした木版画で、これも木の文化のひとつといえる。量産であるから庶民が相手で、俳句と同様、一種の「軽さ」があり、ヨーロッパの宗教画などの重さとは対極にある。こういったことも建築と無関係ではない。

世界に冠たる特異な絵画としての浮世絵は、日本の木と紙の文化から生まれたともいえるのだ。

妹島の天分

妹島和世の代表作の一つ、金沢21世紀美術館について書いておきたい。西沢立衛とのユニットSANAAの作品である。

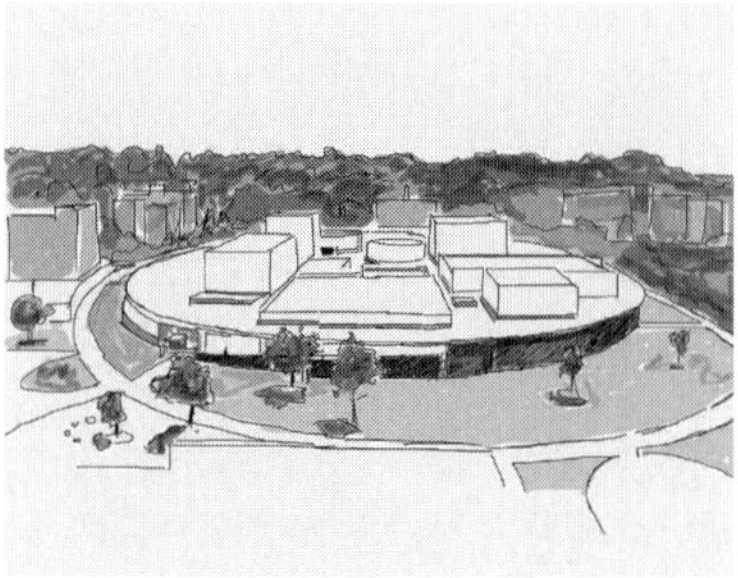
金沢21世紀美術館

計画が何度も変更される経過を見てきたが、その平面図は、大きな円の中に大小の正方形がいくつも詰め込まれ、建築というより珍しい機械の設計図か、あるいは何かシステムの概念図のようであった。

完成してから訪れてみると、エントランスホールは、大きくもなく天井も低いそっけない空間で、内部はどこも白い壁面にガラスから入る光が反射してむやみに明るい。つまりこれまでの美術館の常識をくつがえして、何かフワフワした気分だ。

それぞれ屋根を突き出した、いくつもの直方体（図面では正方形に見えた）が展示室で、入ってみれば、トップライト（天光）が適度に調整されていて展示品がよく鑑賞できる。一つの箱から次の箱へと移動するさいに、いったん明るいところに出るので、頭の中まで白くなるような気がする。そして見終わって、入り口横のカフェでコーヒーを飲んだとき、一つひとつの展示が強く印象に残っていることに気がついた。箱ごとに記憶がリフレッシュされるからであろう。

つまりこの建築は、大小いくつもの独立した美術館が集合した街なのである。そう考えたとたんに設計者の意図がよく理解できた。妹島は新しいタイプの美術館を生み出したのだ。

海外の作品も多く、いずれも高い評価を得ているが、スイス連邦工科大学ローザンヌ校のラーニング・センターが意欲作である。

設計としての名作、存在としての名作

さて、すみだ北斎美術館は、堅固な甲殻をところどころ切り裂いて内部を抉り出すという建築の基本的な構成がはっきりして、力強い外観にそれが現れている。北斎の骨太さと先鋭さが表現されているようでもある。

しかし内部空間、展示空間は、その建築構成にあとづけされたという印象だ。

企画から完成までに、予算の問題で紆余曲折があったようで、関係者も苦労したのだろう。妹島ほどの建築家でも、展示を含めた総合的な設計を貫徹しにくい状況にあったのかもしれない。

また今日の著名な建築家には、基本設計から実施設計、現場監理まで通して責任を負い、インテリアと外構も含めて作品として完成することではなく、建築の基本的なプランと意匠を決定することだけに関わることが求められる傾向もある。そう考えれば、建築家の役割として、建築の存在全体に責任をもつのではなく、基本的な空間概念を構成することに専念し、全体の構成に関係の薄い付属的な部分や、内装、運営に関わる部分は他者に任せるという選択肢もあるのかもしれない。

篠原一男という建築家は、彼の作品が、竣工後いかにも雑然と使われていること、つまり空間の美意識と生活の実用に乖離があるという批判に応えて「作品は自分の手を離れれば、使い手の自由だ」と発言したことが印象的であった。

建築家の「作品」が、設計の終了とともに完結するのか、現場監督や職人の腕による施工の質や、さらには使われ方やメンテナンスにまでも及ぶのかは、考え方によって分かれる。

海外にはプロジェクトの図面や模型だけで「作品」とする「アンビルドの建築家」というのも結構いるのだ。

妹島和世は、今の若い世代にもっとも強い影響を与える建築家である。晩年といっては失礼だが、まだまだ「驚くべき跳躍」が期待できそうな気がする。

東京工業大学博物館・百年記念館——篠原一男・疾走する孤高

孤高の建築家

「まるでガンダム」

よくそういう声が聞かれた。

目黒線大岡山の駅を出たとたんに、巨大なメカロボットが空中に腕を突き出して見上げる人々を圧倒するような奇怪なオブジェが現れる。

私鉄沿線の駅前に共通する日常的な生活風景の中に、その地域に大きな一角を占める工業大学の技術を象徴するような、非日常の力学が挿入されているのだ。

しかしこれはれっきとした建築であり、展示場と集会場として使われている。そしてこの建築の成立について理解するには、一人の個性的な建築家の作風の変化と、戦後日本の建築思潮の変化とを追う必要があるように思われる。

設計者は篠原一男。一般にはほとんど知られていないが、日本建築界において際立った孤高を保ち、純粋に作品を志向する専門家にはきわめて評価の高い、カリスマ的な建築家である。丹下健三と安藤や伊東の世代のあいだに一人あげるなら、黒川紀章でも、磯崎新でもなく、この人というのが僕の考えだ。本書の締めくくりにもふさわしいと思われる。

若いときは数学者であった。

建築に興味をもって清家清に師事する。清家は日本の伝統をモダニズムに溶かし込むように継承した住宅を主とする建築家だ。

そして篠原は、清家以上に伝統的な方法から出発した。「から傘の家」「土間の家」といった初期（一九六〇年代）の作品は、プランからディテールまで、実に美しい小住宅であり、柱、梁、襖、障子、敷居、鴨居、垂木といった日本古来の建築部材が、純粋な空間要素として、数学的ともいいえるほど緻密に構成されている。

「白の家」は、そういった初期の住宅作品の到達点であろう。と同時に、その真っ白な空間がある種の抽象性に向かう姿勢を示唆していた。僕は、篠原にいわれて、多木浩二がこの家の写真を撮るときの手伝いをしたことがあるが、入り口から中に入ったとたん、天井から白い冷気が降りてくるような気がした。

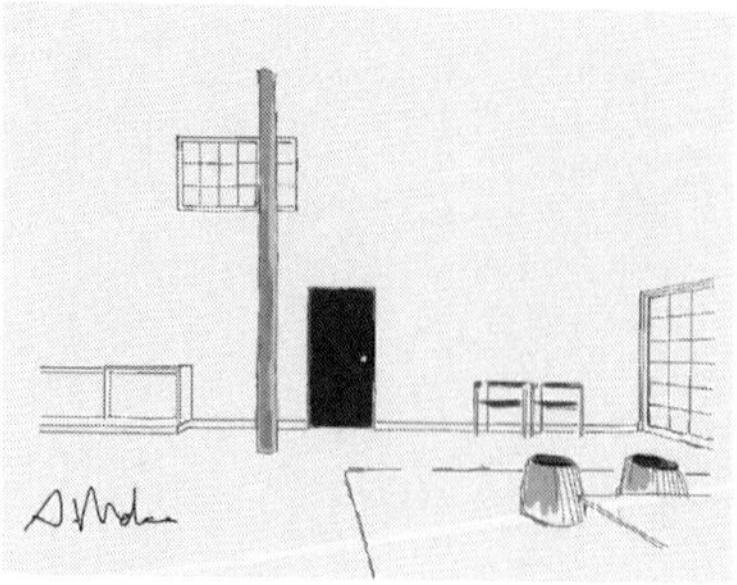
白の家

篠原は、作品と同様その言説も、孤高であり、鮮明であり、突出している。彼の発言を追うことによって、日本建築界の主潮流とそれに対峙する彼の独自な立場が見えてくるのだ。

戦後、多くの良心的な建築家が、住宅難にあえぐ国民のために、たとえ小さくてもそれなりに使いやすく暮らしやすい住宅のあり方を模索していた。その時期に篠原は「住宅は芸術である」「住宅は広いほどいい」と発言した。時代の常識に挑戦することによって、自己の設計者としての立場を表明したのだが、この時点で彼は、社会的に善良と自認する建築家や批評家や学者からの批判の矢面に立つことを覚悟したであろう。とはいえ篠原が、金持ちの豪邸ばかりを設計していたというわけではない。彼に住宅の設計を依頼したのは、小さくともその住まいにコストと機能以外のもの、何らかの精神性を求める人々であり、知識階級ではあっても決して金満家ではなかった。

日本が復興から成長にさしかかり、大都市が膨張を続けると、丹下健三やその影響下にあったメタボリズム（新陳代謝主義）のメンバーは、都市計画をテーマに据え、建築は都市のあるべき姿に合わせて設計するべきだと主張した。

こういった潮流に対して篠原は「住宅は都市から独立したものだ」と発言した。実際に彼の作品は、雑多な東京の街並みにおいて、独自の美的世界を内包する異種であった。

また日本の大御所建築家が、西欧からのモダニズムを追うことから出発しながらも、日本の伝統、特に数寄屋（茶室）に回帰する傾向があることに対して「伝統は出発点ではありえても回帰点にはなりえない」と発言している。

当時としてはこれも挑発的な言明であった。事実彼は、伝統から出発して、あっという間にモダニズムの原理を突き抜け、遥か遠方に彗星のごとく飛び去ったのである。

様式の転換

一九七〇年代、日本の建築界において伝統と近代と都市性の問題が主題ではなくなる時期から、篠原の興味は、空間そのものの連続構造に移ったようだ。位相幾何学（トポロジー）という数学的な、たとえばメビウスの輪やエッシャーの絵に出てくるような（あまりいいたとえではないが、分かりやすく）空間構成であるが、これは彼が、数学者だったことからくる思考の必然であったかもしれない。空間は完全に抽象化され、木造の伝統を基本とする美しいディテールは姿を消した。

やがて、建築界と思想界において近代思想の硬直性が語られはじめるころ（一九八〇年代）、彼の設計は、整然とした緻密な論理的な形態から、ある種ブルータル（野生的）な、予測できない形態を志向するようになる。

こうした、何度かに及ぶ様式転換を、彼自身、ピカソにたとえている。

最後の転換については、この時期「ポストモダニズム」という、建築と思想界に共通するムーブメントがあったことに触れないわけにはいかない。言語学のF・ソシュール、文化人類学のレヴィ＝ストロースなどの構造主義から始まり、記号論のロラン・バルト、ミッシェル・フーコー、ドゥールーズとガタリなどを経て、ジャック・デリダの「脱構築（ディコンストラクティビズム・形式化した近代思想を抜け出そうとする）」という現代思想の流れと、現代建築の流れが微妙にシンクロしたのだ。

前衛的な建築シーンに、傾いた柱と壁、鋭角と鈍角、放物曲線などが多用され、水平垂直、直角、平面といったモダニズムの形態をことさらに裏切るような造形の流行があった。当然のことながら、機能とコストと人間の情緒に逆らうような建築は長続きしなかったが、形式化しつつあった建築モダニズムに何らかの革命を試み、何ものかを残したことはたしかである。

こういった風潮を追った建築家の作品を僕はあまり評価していないが、ザハ・ハディド*とダニエル・リベスキンド*には、その妥協のない姿勢に敬意を払っていた。

篠原の百年記念館も、そのような文脈で評価されるのだが、それまでの作品履歴を追ってみれば、それは彼独特の建築設計思考の軌跡が、時代思想の軌跡と重なったことを意味するのであって、単に風潮を追ったとは思えないのだ。

数学者として追求した立体幾何学がトポロジーから転じて複雑系

ザハ・ハディド：国立競技場のコンペを勝ち取ったが、政治的経済的な理由で白紙に返され、その後死去。

ダニエル・リベスキンド：ベルリンのユダヤ博物館の設計者、ニューヨークの世界貿易センタービルの跡地のコンペを勝ち取ったが、経済的な理由で大きく変更された。

に向かったというべきか。特に円筒と直方体が衝突する、その接線に生じる、一種予測できないような形態、設計者にとっては必然でも観察者には偶然に見えるような形態を志向した。これは篠原が、図学を教えていた経験からくるものであろう。

また後年の篠原には、建築界でいう「キャンティレバー（片持ち梁）」すなわち構造物を大きく空中に突き出す形態を志向する傾向もあった。かつてのような単純な構造技術の誇示とは異なる文脈だが、そういったダイナミックな不整形が、ディコンストラクティビズムという時の潮流と重なって、東工大百年記念館のような衝撃的な形態が誕生したのだ。

自己の哲学を建築する

多木浩二という知的な批評家は、美術にも建築にも造詣が深かったが、彼の建築への興味はほとんどこの篠原に向けられていた。多木は、篠原の作品をつうじて建築を哲学したのである。逆に篠原は、自己の作品をつうじて哲学を建築したといえるかもしれない。作品自体が思考するのである。この建築家の独自と孤高は、戦後日本の建築思想を逆照射し、次代の建築家に影響することによって、普遍性の高みへと飛翔した。

東京工業大学博物館・百年記念館

しかしながら批判も多い。

建築という用途をもつ、特に人間の生活を守る住宅というものを、ひとりの建築家の「芸術作品」と見なすこと自体が、批判の対象となる。彼自身、自己の存在を際立たせるために、ことさらに刺激的な発言を続け、その発言に沿う刺激的な作品を創り出すという演出もあったろう。

擁護するつもりはない。むしろ批判されればされるほど、独自の立場が浮かび上がる人である。前に、カリスマとは、時代に流されず、権力におもねらず、自己をつらぬく人物と書いたが、そこに加わる篠原のナルシシズムはかなり強い。

晩年、コンペの審査を巡って磯崎新との確執が取り沙汰されたが、これは篠原が悪い。社会性に欠けるところがあるのだ。冷たい印象の人でもある。しかし名古屋に赴任する挨拶に行ったとき、僕の文章を高く評価して親身なアドバイスをくれた。そんな一面もあるのだ。

一般の人にも触れてもらいたい建築家なのだが、どう評価するかは、他の抽象度の高い芸術と同様、鑑賞者の自由に任せられるべきだろう。

芸術（美）の鑑賞を強制するのはファシズムである。

「家」制度の空間・「やど」逸脱の空間

万葉における都市化の反力

葉桜のころ、万葉のふるさとというべき藤原宮跡を訪ねた。

名古屋から車で行けば案外近いのだが、探し当てるのに時間がかかる。当時は現在のように整備されておらず、こんもりとした森に囲まれた盆地に、宮跡を示す小さな平地があって、草が風になびくばかりだ。すでにエジプトやギリシアやローマの遺跡を見ていた僕には「ほとんど何もない」という印象であった。木造の文化とはそういうものなのだ。一方、香久山、畝傍山、耳成山の大和三山は、実に身近な存在感があり、人にたとえられるのも分かる気がした。

『万葉集』の基幹となるのは、天智天皇、天武天皇、持統天皇の時代であるが、それは、中国からの文字文明によって、天皇制と律令制という日本社会の基幹が築き上げられる時代でもあり、仏教と藤原氏の全盛期が幕を開ける時代でもあった。

東京の設計事務所に十年勤めたあと、名古屋の大学に助教授として赴任した。税金で食うのは申しわけないが公務員だ。

何か新しい分野を開拓しようと「文学の中の建築記述」という研究に取り組む。当時流行していた、心理実験やアンケートのデータを統計処理して建築の意味を探ろうとする研究に疑問をもったからで、建築の真実は意識の表層にではなく、人間と文化の無意識の深層に眠るもののように思われたからである。しかしあまりに毛色の変わった研究であり、工学部に属する大学や学会の理解を得るのが困難であった。足を引っ張られることも多く、ついてきた学生たちは苦労したと思う。例によって無鉄砲な性格が出たのである。

大上段に『万葉集』から取りかかる。

万葉仮名の並ぶ原典を前にしてたじろいだが、しゃにむに食らいついた。

そしてまず一つ、興味深い事実にぶつかった。

万葉には「寺（仏教寺院）」が登場しないのである。

『万葉集』には「家、やど、宮、殿、門、柱」など、さまざまな建築用語が多数登場するが「寺」の歌がほとんどない。四首だけあるのだが、すべて「寺の餓鬼」を主題にしたイメージの悪い内容である。

万葉の時代といえば、飛鳥から奈良へ、この国はまさに仏教建築時代であった。法隆寺や興福寺に始まり、国分寺国分尼寺の中心たる東大寺に至るまで、近畿地方を中心にして、国中に隆々たる仏寺が築かれたのだ。まさに「天平の甍」である。その豪壮な瓦屋根、あざやかな朱塗りの木組みが、万葉人の眼に映らなかったわけはない。

また都市のにぎわいを詠む歌もほとんどない。

有名な「あをによし寧楽の京師は咲く花の薫ふがごとく今盛りなり」の歌は、遠く大宰府にあって奈良の華やかさを想像しているのであり、いわばみやこから離れていることの怨みの歌なのだ。まだ牧歌的な状態にあった島国に、藤原京や平城京という、中国にならった本格的な都市が築かれた時代であるが、万葉人の心象風景は、都市にではなく、圧倒的に自然、山と川と草花であった。

津田左右吉もこのことに触れている。

「万葉には仏教もしくは仏教思想に関係があると思はれる歌は極めて少なく、〜中略〜更に気のつくことは、あの広壮な仏教の殿堂や、高く蒼空を凌いで聳え立つ幾重の卒塔婆や、もしくは、壁画や柱絵やその他の寺院の荘厳や、または華麗な法会やが、毫も万葉人の目に映らなかったことである」

津田はそれ以上の追求を控えているが、僕はここに、時代の趨勢に抵抗する精神を感じた。『万葉集』は、都市と仏教に背を向け、いわば文明に背を向けている。大量に収録された防人や農民の歌は、中国大陸からやってきた文字文明という都市化の波に乗り切れない人々の精神的な「反力」を背負っているのだ。

そしてこの考えが第一章末「戦争は人を生む」で述べた「都市化のルサンチマン＝知への怨念」という概念と結びついた。

もう一つ、きわめて重要な事実にぶつかった。

万葉四五一六首に、もっとも多く登場する建築用語は「家」であり、二〇〇首に及び、次が「やど」であり、一二〇首に近い。

「家」はもちろん住居を表す。そして「やど」は旅の宿を意味するのではなく、これも住居を表し、つまり「家」と「やど」は、ほとんど同義語なのだ。

例をあげよう。

「人もなき空しき家は草枕旅にまさりて苦しかりけり」（大伴旅人　巻三・四五一）

大伴旅人が大宰府の勤めを終えて奈良の家に帰ったとき、その過程で妻を失った哀しみを詠む。

「ひさかたの天の露霜おきにけり家なる人も待ち恋ひぬらむ」（坂上郎女　巻四・六五一）

「我が屋戸のいささ群竹吹く風の音のかそけきこの夕かも」（大伴家持　巻一九・四二九一）

庭の竹に風が当たるかすかな音を詠み、名歌とされる。

「春雨に争ひ兼ねて我が屋前の桜の花は咲き始めにけり」（未詳　巻一〇・一八六九）

このように、「家」の歌は人を詠み、「やど」の歌は草花を詠むのだ。

「家」は、特にそこにいるべき人がいない不在の哀しみの空間である。「やど」は、草花のつまり自然の美の空間である。古代日本人は「家」と「やど」を、その文脈によって使い分けたのだ。

そして不思議なことに、平安時代に成立した『古今和歌集』では、住まいを表す言葉はすべて「やど」となる。『万葉集』にもっとも多く登場した建築用語である「家」は、わずかに複合語として登場する以外には、まるでミステリーのように消えてしまった。これはどうしたことか。

スコープを引いて大きく考えてみよう。

万葉の時代は、飛鳥から奈良前期、日本という国が中国からの「文字」によって急速に都市文明化した時代である。公地公民、口分田、租庸調、を基本に、国民生活を律令という法律体系に組み込もうとした時代である。「家」は、そういった社会制度の基本単位であった。そして逆に「やど」は、その社会制度の軛《くびき》から離れ逃れようとする性格を帯びる。つまり「家」は「人の空間」であるとともに「制度の空間」であり、「やど」は「草花の空間」であるとともに「逸脱の空間」なのだ。

平安前期は唐風文化の時代であり漢詩の時代であった。そして唐王朝も衰退期に入ると日本は長く続いた遣唐使を廃止し、国風文化すなわち和歌の時代となる。『古今和歌集』の「仮名序」は、「仮名と和歌」という日本文化の「漢字と漢詩」という中国文化に対する独立宣言であった。そのさい、和歌という独自の文化体系において、外来の文字によって成立した律令国家体制の根幹をなす「家」という社会空間が拒否された。そして日本人の美意識は、社会制度を逸脱した風流の空間に漂うものとなったのである。つまり「家」は「都市化の推力」の上にある空間であり、「やど」は「都市化の反力」をやどす空間である。

以後、明治以後のアララギ派に至るまで、和歌の中に「家」は登場せず、住まいの表現は徹底して「やど」となる。

歴史を振り返って、日本の社会制度は上代から今日まで、すべて「家」という枠組みによっていた。大和朝廷における蘇我と物部の争いも、藤原氏の摂関政治も、源氏と平氏の争いも、南北朝の抗争も、戦国大名の群雄割拠も、徳川政権下の各藩の運営も、赤穂浪士の仇討ちも、井原西鶴描く商家の勤勉も、明治国家における王政復古も、現代企業の終身雇用も、すべて「家」を守り繁栄させるという論理であった。

その日本社会を支配する「家」から逸脱する空間が「やど」であったのだ。それはあらゆる社会性を離れる意味「あはれ、無常、風流、数寄、いき」など、日本文化の美的概念は、すべてこの「やど」に息づくものとなったのである。

日本人は、この「家」と「やど」の対立構造の上に生きてきたが、どちらかといえば日本文化の真髄は「やど」にある、というのが僕の考えだ。

そういった視点から、この国の「文学・建築・社会」の関係の変遷を論じたのが『「家」と「やど」——建築からの文化論』という著書である。この本は、高校国語の教科書にも採用され、大学入試にもたびたび取り上げられる。国語界にとって、建築からの研究は新しい視点だったようだ。

数学少年だったので「数式」の世界で考え、建築家になったので「形態」の世界で考え、文章を書くようになったので「言葉」の世界で考えた。

どうしてこんなことになったのか、何が一番向いていたのか、自分でもよく分からない。人生という石ころが転がって、その時々の興味に従って考えた結果なのだ。

心の母も多かったが、思考の母体も多かった。

本章に関わる筆者の著書と参照図書

『アイドルはどこから――日本文化の深層をえぐる』篠田正浩、若山滋・現代書館、二〇一四年
『インテンシブ・シティ――都市の集約と民営化』若山滋・鹿島出版会、二〇〇六年
『ローマと長安――古代世界帝国の都』若山滋・講談社現代新書、一九九〇年
『「家」と「やど」――建築からの文化論』若山滋・朝日新聞社、一九九五年
『文学の中の都市と建築――「万葉集」から「源氏物語」まで』若山滋・丸善、一九九一年
『無縁・公界・楽――日本中世の自由と平和』網野善彦・平凡社選書、一九九六年
『文学に現はれたる我が国民思想の研究』津田左右吉・岩波文庫、一九七七年
『日本古典文学大系――萬葉集』高木市之助、五味智英、大野晋校注・岩波書店、一九五七年～一九六二年

エピローグ　もうひとつの東京物語

『ローマと長安』という本を書いたとき、ローマ、長安、パリ、ニューヨークの四都市を、人類の歴史における「世界都市」と呼び、一・国家を超える力、二・文化的な中心性、三・異民族異文化の許容力、四・普遍的な価値観、の四つを有する都市と定義した。

「世界都市」という言葉はかなり広がったようで、東京都が「東京を世界都市に位置づける」ための方策を電通に依頼したさい、この本が世界都市を定義した最初の著作物であるということで、インタビューを受けた。

しかしはたして東京は、本当に世界都市たりうるだろうか。

ずっと疑問に感じていた。たしかに一時の日本は、ものづくり技術のチャンピオンであり、現在の東京には、浅草に象徴される伝統文化とマンガ、アニメ、ゲーム、コスプレといった新しい文化に興味をもつ人々が世界中からやってくる。しかしそれが、ローマやパリといった普遍的な文明の中心としての力をもつ世界都市に匹敵するものとは考えにくいのだ。

ユーラシアの東の果ての島国である日本文化の特殊性は否定できない。考えられるとすれば、東京は、文化的普遍性を放射するような世界都市ではなく、世界の文化と共存する「もうひとつの世界都市」ではないか。それはそれぞれの国の「家」の呪縛を離れた「逸脱の住まい」としての、すなわち「やど」としての世界都市ではないか。

日本建築界は今、隈研吾の時代である。東大の教授を務めながらきわめて多くの仕事をこなしている姿は超人的でさえある。

アントニン・レーモンドの項で書いたように、国際的なモダニズムと伝統としての「和」との融合は、日本の建築家にとって大きなテーマであった。隈研吾はそれを、これまでとは異なるかたちで実現することによって、世界でも認められる存在となったのだ。それは、建築の空間構成においてではなく、建築のたたずまいにおいて、風土的な素材と構法としての「和」を大胆に造形して現代建築として意匠化したことである。それが彼の言う「負ける建築」すなわち強く主張する建築ではなく、柔らかく溶け込む建築につながっている。そしてその「柔らかいたたずまい」の重視が、作品の透徹に固執するこれまでの建築家の概念を変えているようにさえ感じられる。彼は「もうひとつの建築家像」を体現しているのだろう。

グレタ・トゥーンベリというスウェーデンの少女の訴えには迫力があった。

僕はもともと環境論者というわけではないが、今後、東京の都市化が地球の温暖化問題とともに歩む必要があることは自明であろう。人間は都市化する動物であり、本能ともいうべき都市化の歩みを止めることはできないが、方向を変えることはできる。「もうひとつの」という言葉は、その、これまでとは異なる方向性を意味してもいる。

そして本書の最終推敲段階で新型コロナウイルスがやってきた。

このところ相次ぐ新種のウイルス発生は、総合的な生命現象として、地球の温暖化と無関係ではないかもしれない。温暖化はすでに多くの生命種の絶滅を引き起こしているという。また大気中の炭酸ガス濃度の急上昇がもたらすものが温暖化だけとも限らない。生物には「個体群密度の自然調節」（ある地域に増えすぎた生物種を抑える）の機能があるというが、19世紀以後の人口爆発に対して、そういった神の領域ともいうべき力が働いているとも思える。

今後、世界がどうなるのか、日本がどうなるのか、東京がどうなるのか、それはまた別の問題になるが、本書で考えてきたことがその方向性を示唆しないとは思えない。未来は過去の延長上にはないが、過去を知ること以外に未来を語るすべはないのだ。

東京は「もうひとつの物語」に向かう。

どうあろうとわれわれは、ヴォルテールの言うように「自分の畑（庭）を耕す」ことしかできないのだ。筆耕一行、また一行、そしてまた一行……。

謝辞

夏目漱石と小林秀雄と司馬遼太郎をよく読んできたので、文体の影響を受けている。最初に出版の機会をくれたのは江藤淳だ。コラムの神様といわれた山本夏彦には「君の使命は建築界の言論を開くことだ」とアドバイスされた。そういった方々に感謝したい。また建築関係で貴重な教えをいただいた方も多いが、ここでは御名前を省かせていただく。また親類ではあるが篠田桃紅には世話になり、精神的な影響を強く受け、篠田正浩には思想的な影響を受けている。そういった人たちにも感謝したい。

本書の出版にさいして、現代書館の菊地泰博、雨宮由李子、ヤフー株式会社の住井麻由子、飯田和樹の各氏に謝意を表する。

若山　滋（わかやま　しげる）
一九四七年台湾生まれ。東京工業大学博士課程修了。工学博士。株式会社久米設計を経て、名古屋工業大学教授。米国カリフォルニア大学バークレイ校、コロンビア大学客員研究員。現在中京大学客員教授。名古屋工業大学名誉教授。
主な著書『建築へ向かう旅』（冬樹社）、『「家」と「やど」』（朝日新聞社）『漱石まちをゆく』、『建築家と小説家』（ともに彰国社）、『アイドルはどこから』（篠田正浩との共著、現代書館）、『オリンピックとデザインの政治学』（森山明子との共著、郎文堂）など。
主な建築作品『高萩市立図書館』『名古屋工業大学正門』『西尾市岩瀬文庫』など。

寡黙《かもく》なる饒舌《じょうぜつ》
――建築《けんちく》が語《かた》る東京《とうきょう》秘史《ひし》

二〇二〇年七月二十日　第一版第一刷発行

著　者　若山　滋
発行者　菊地泰博
発行所　株式会社現代書館
東京都千代田区飯田橋三―二―五
郵便番号　102-0072
電　話　03（3221）1321
FAX　03（3262）5906
振　替　00120-3-83725
組　版　デザイン・編集室エディット
印刷所　平河工業社（本文）
東光印刷所（カバー）
製本所　鶴亀製本
装　幀　大森裕二

◎カバー表の写真掲載に際し、撮影者の了解を求めたく調査致しましたが、古い資料のため関係者を知ることができませんでした。ご容赦くださいますようお願いいたします。なお、お心当たりがございましたら、編集部までご一報ください。

現代書館編集部　電話03（3221）1321

校正協力／高梨恵一
©2020 WAKAYAMA Shigeru Printed in Japan ISBN978-4-7684-5883-9
定価はカバーに表示してあります。乱丁・落丁本はおとりかえいたします。
http://www.gendaishokan.co.jp/

本書の一部あるいは全部を無断で利用（コピー等）することは、著作権法上の例外を除き禁じられています。但し、視覚障害その他の理由で活字のままでこの本を利用できない人のために、営利を目的とする場合を除き「録音図書」「点字図書」「拡大写本」の製作を認めます。その際は事前に当社までご連絡ください。
また、活字で利用できない方でテキストデータをご希望の方はご住所・お名前・お電話番号をご明記の上、左下の請求券を当社までお送りください。

活字で利用できない方のための
テキストデータ請求券
『寡黙なる饒舌』

現代書館

篠田正浩・若山滋 著

アイドルはどこから

日本文化の深層をえぐる

映画監督篠田、建築家若山は親戚同士。映画・建築を通し日本文化創造に関わってきた。AKBからアマテラスまで日本文化はアイドル（偶像）によって形成されてきた、として3日間に亙って建築・演劇・絵画・音楽・文学などに蘊蓄を傾けた。

1800円＋税

武内孝夫 著

帝国ホテル物語

〈第6回 JLNA ブロンズ賞・特別賞受賞〉

日本初のグランドホテル、宿泊自体がステータスだったホテル百年の物語。徹底的にこだわりをもって建てられたライト館の出来るまでや、支配人・料理・株式・事件・客のエピソードまで帝国ホテルが興味深く語られる。ホテルが楽しい。

2200円＋税

北原遼三郎 著

明治の建築家・妻木頼黄の生涯

建築家たちは明治日本に何を見たのか。近代化に邁進する日本にあって建築家を志したサムライたちが対峙した時代の激動と、対立しながらも今日に残る偉大な建造物を残した妻木頼黄（つまきよりなか）と辰野金吾の熱い生き様を描く傑作。

2200円＋税

山田邦紀・坂本俊夫 著

明治の快男児トルコへ跳ぶ

山田寅次郎伝

トプカプ国立博物館に甲冑師明珍作の鎧兜、豊臣秀頼の陣太刀がある。寅次郎がオスマン帝国皇帝に献上したものだ。茶の湯の家元で、実業家でもあり、トルコ艦船遭難時、トルコに義捐金を持参し、日・土友好の架け橋となった明治快男児の生涯。

1800円＋税

伊藤龍也 写真・文

妖怪の棲む杜 国立市 一橋大学

東京都国立市にある一橋大学。構内は武蔵野の面影を色濃く残し、伊東忠太が設計した建物には100以上の妖怪が潜んでいる。これらの建物群と国立の町は一体となって四季折々を彩っている。大学・町・妖怪が融合したオールカラー写真集。

1300円＋税

前田 潤 著

漱石のいない写真

文豪たちの陰影

大正四年の上野公園で不意にシャッターを切られた文豪一家。この一枚をきっかけに、偉人たちとカメラとの出会いを辿ってゆく。運命の悪戯によって撮影された写真とそれを描いた文学作品から、明治・大正を生きた人間の写真観が浮き彫りに。

2000円＋税

定価は二〇二〇年七月一日現在のものです。